Être à sa place

Dans la même collection

Marylin Maeso, *La petite fabrique de l'inhumain*, 2021.
Dorian Astor, *La passion de l'incertitude*, 2020.
Laurent de Sutter, *Indignation totale*, 2019.
Claire Marin, *Rupture(s)*, 2019.
Denis Ramond, *La bave du crapaud*, 2018.
Yascha Mounk, *Le peuple contre la démocratie*, 2018.
Éric Fiat, *Ode à la fatigue*, 2018.
Marylin Maeso, *Les conspirateurs du silence*, 2018.

De la même auteure

Vivre autrement, Le Monde / L'Aube, 2021.
Rupture(s), éditions de l'Observatoire, 2019 ; Le Livre de poche, 2020.
Mon corps est-il bien à moi ?, Gallimard Jeunesse, 2020.
Qu'allons-nous devenir ? La technique et l'homme de demain, Gallimard Jeunesse, 2018.
La Relève. Portraits d'une jeunesse de banlieue, Le Cerf, 2018.
Hors de moi [2008], Allia, 2018.
Violences de la maladie, violence de la vie [2008], Armand Colin, 2015.
La maladie, catastrophe intime, PUF, 2014.
L'homme sans fièvre, Armand Colin, 2013.

Claire Marin

Être à sa place

Habiter sa vie, habiter son corps

Collection « La Relève »
dirigée par Adèle Van Reeth

Éditions de L'Observatoire

En couverture : © Helena Almeida,
Para um enriquecimento interior, 1976,
Acrílico sobre fotografías b/n, 181,5 x 156 cm, Ed. 2/3/
Museo Helga de Alvear, Cáceres, España

ISBN : 979-10-329-1516-5
Dépôt légal : 2022, février

170 *bis*, boulevard du Montparnasse, 75014 Paris

« J'aimerais qu'il existe des lieux stables, immobiles, intangibles, intouchés et presque intouchables, immuables, enracinés ; des lieux qui seraient des références, des points de départ, des sources. »

Georges Perec,
Espèces d'espaces

Une place à soi ?

> « Alternative nostalgique (et fausse)
>
> Ou bien s'enraciner, retrouver ou façonner ses racines, arracher à l'espace le lieu qui sera le vôtre, [...] s'approprier, millimètre par millimètre, son « chez-soi » [...].
>
> Ou bien n'avoir que ses vêtements sur le dos, ne rien garder, vivre à l'hôtel, en changer souvent et changer de ville et changer de pays [...] ne se sentir chez soi nulle part mais bien presque partout. »
>
> Georges Perec, *Espèces d'espaces*.

On pourrait croire que le monde se partage entre les enracinés et les nomades, qu'il y a deux espèces d'êtres, les hommes de la terre et ceux du vent. Certains ne seraient heureux qu'à la place qu'ils occupent, comme s'ils étaient faits de ce sol, modelés dans cette matière. D'autres ne feraient qu'effleurer les cimes, êtres du passage et du survol, jamais vraiment ancrés dans un lieu ou une relation. Or ce n'est qu'une « alternative nostalgique (et fausse) » nous prévient Georges Perec. Nous sommes dans l'entre-deux, des êtres toujours en mouvement, comme le pensait Montaigne, même quand ce mouvement est discret, invisible, caché dans les profondeurs des cœurs, dans les replis de la pensée. Nous ne restons jamais en place, même si nos voyages sont parfois immobiles et le lointain intérieur.

Fausse alternative parce que l'existence est toujours une traversée ponctuée d'escales affectives ou sociales, géographiques ou politiques. Nous ne sommes en réalité jamais exactement à la même place et nous marchons sur des sables mouvants : « La vie est inquiète, le sol tremble sous nos pas[1]. » On navigue d'un port d'attache à l'autre, on se détache, on change de pavillon, on décide d'un cap, mais les courants nous ballottent, les vents nous détournent, on échoue en *terra incognita*. Qui sait ce que l'on découvre, y compris sur nous-mêmes, dans ces dérives et ces chavirements ?

Pourquoi ce livre ? Parce qu'il arrive qu'on soit brusquement délogé d'une place qu'on croyait occuper par choix, avec bonheur. Cette place nous semblait acquise, justifiée, méritée, non sans aveuglement quant à la part de hasard qui nous avait jeté là. Lorsqu'un événement ou une catastrophe me déplace et me fait perdre ma place, il arrive que je découvre à quel point j'y étais limité, emprisonné. Paradoxalement, ce déplacement forcé libère plus qu'il ne prive. On n'est peut-être pas toujours le mieux placé pour dire quelle est notre place.

1. J.-B. Pontalis, *Œuvres littéraires*, Gallimard, coll. « Quarto », 2015, p. 929.

On accepte parfois des places qui nous contraignent plus qu'on ne le croit, des places trop étroites, parce que nous sommes persuadé qu'elles nous sont destinées. Pour quelles raisons, selon quelles logiques, finit-on par se convaincre qu'une place visiblement trop petite nous conviendra malgré tout ?

Sans doute à cause de la puissance de ce désir nostalgique d'une place à soi. Cette représentation, s'appuyant sur une idéalisation des lieux premiers, lieux plus rêvés que vécus, nous laisse croire qu'il existe quelque chose comme une « bonne » place, une place qui nous convient, où l'on s'insère comme la pièce manquante du puzzle, pour reprendre une image chère à Perec. Dans la question de la place se joue celle de notre singularité mais aussi de notre insertion au sein d'une société, d'une famille, d'un groupe auquel nous appartenons ou souhaitons appartenir. Parce que nous craignons de perdre notre place, d'être remplacé, nous nous contentons d'espaces affectifs ou relationnels qui nous contiennent plus qu'ils ne nous conviennent. On pense la place comme la garantie d'une stabilité, d'une continuité, elle répond sans doute à un certain besoin d'ordre, de définition, de distinction.

Mais la hiérarchie des places classe et déclasse. La violence avec laquelle on peut se voir assigner une place explique les fuites, les départs, les désertions. Certaines places sont objectivement ou subjectivement inhabitables, invivables[1]. On n'y respire plus. On fuit pour se sauver ou pour retrouver la dynamique d'un déploiement de soi. Parfois, il ne s'agit que d'un simple malaise, le sentiment de ne pas être à sa place, de ne pas être à la « bonne place ». On est la fausse note dans la mélodie, le grain de sable dans la mécanique, l'intrus. Nos remarques ou nos réactions sont jugées « déplacées ». Cette désagréable impression de décalage nourrit l'envie d'une autre place, les rêves d'autres lieux possibles où s'établir et s'affirmer, suscite le désir des vies qui vont avec, des identités qu'elles recoupent.

Si « vivre, c'est passer d'un espace à un autre en essayant le plus possible de ne pas se cogner[2] », le choc est parfois brutal. Des murs réels ou invisibles se dressent sur mon chemin, des enceintes m'encerclent, m'emprisonnent plus qu'elles ne me protègent. Il faut trouver les failles, se faufiler, se frayer un chemin, l'effraction se fait discrète, j'emprunte la petite porte pour être, comme disent les poètes contemporains, « dans la place ». Le déploiement d'un sujet passe par le déplacement, qui est aussi dépassement de soi. Or des architectures et signalétiques invisibles l'interdisent : lignes de couleur[3], plafond de verre, logique de l'enclos[4]. On voudrait se laisser glisser, on se cogne contre

1. Georges Perec, *Espèces d'espaces*, Galilée, 2000, « l'inhabitable », p. 179.

2. *Ibid.*, p. 16.

3. Selon l'expression de W. E. B. Du Bois dans *Les Âmes du peuple noir*, Rue d'Ulm, 2004. Traduction de Magali Bessone.

4. Achille Mbembe, préface de Frantz Fanon, *Œuvres*, La Découverte, 2011, p. 19.

des portes fermées. Les espaces sont étanches, cloisonnés, on ne passe pas de l'un à l'autre en se laissant dériver, en suivant la pente. Il faut l'escalader, abattre les cloisons et les murs. Ou, plus prudemment, apprendre les sésames, déchiffrer les codes, s'initier à la langue.

« On se protège, on se barricade. Les portes arrêtent et séparent. [...] On ne peut pas aller de l'un à l'autre : [...] il faut un mot de passe, il faut franchir le seuil, il faut montrer patte blanche, il faut communiquer, comme le prisonnier communique avec l'extérieur[1]. »

Le déplacement est dégagement. Il s'agit de se libérer de nos gages, des entraves, matérielles tout autant que psychologiques. Se défaire d'une place, qui nous a longtemps définis, revendiquer une autre identité, avec parfois le sentiment de trahir celui que l'on a été, ou que les autres voulaient que l'on soit. Il y a toujours une forme de violence et d'arrachement, ne serait-ce que symbolique, dans ces changements de place, dont on décide ou qui s'imposent à nous. Mais il y a aussi, sans doute, une excitation de la libération, une joie dans la bousculade que cela provoque, un enthousiasme dans l'expérimentation d'autres emplacements.

Peut-être même un plaisir de la dérive. Certains se laissent volontairement désorienter, tentent l'aventure, s'extraient d'un monde clos, délimité, s'évadent hors du fini et expérimentent l'ouvert. On ne sait pas toujours quelle est notre destination. Ne pas en avoir est peut-être

1. Georges Perec, *Espèces d'espaces*, *op. cit.*, p. 73.

la première libération. Sortir de l'échiquier du jeu social, tenter l'indéfini. Quitter sa place sans en viser aucune :

« Il a fallu larguer les amarres du confortable état premier où l'on était, sur lequel on s'appuyait, et perdre ses excellentes localisations, qui tenaient l'infini hors des remparts[1]. »

Peut-être ces nomades, ces vagabonds nous signifient-ils tout simplement que l'on n'arrive jamais nulle part. Toutes les places sont provisoires, sans cesse soumises à un grand chambardement, à une redistribution des cartes et des places de chacun. Peut-être ne sommes-nous en réalité jamais que dans l'entre-deux, entre deux mondes, entre deux temps, entre deux manières d'être soi. Il faut admettre qu'il y ait du trouble dans la place, qu'il soit social, politique ou affectif. Nous sommes dans le déplacement plus que dans l'assise d'une place définitive. Certains pensent cette absence de place, cet entre-deux comme un équilibre instable, une vulnérabilité. Mais n'est-ce pas la force des désaccordés que de n'être jamais exactement à leur place, de naviguer entre les langues, les cultures, les modes d'être ? N'est-ce pas cette fluctuation, cette plasticité, cette capacité à être autre qui fait notre réelle liberté ?

On ignore parfois tout des tempêtes intérieures d'un homme, de la manière dont une passion secrète ou une rage de revanche le bouscule, le déplace et l'anime. On

1. Henri Michaux, *L'infini turbulent*, Gallimard, Poésie/Gallimard, 1994, p. 10.

ne sait rien de ses tremblements, de son besoin d'ailleurs ou d'être autre. La dérive des sentiments, la confusion et le vacillement intime, le désordre ou le renversement existentiel que le désir produit, sont autant de manifestations d'une impossible fixité du sujet. Sans cesse la présence des autres nous ébranle, nous dérange, nous désaxe. Se laisser happer par l'intensité de la passion, succomber à son débordement, c'est courir le danger d'une perte et d'une destruction. C'est le risque, le pari et parfois le but inavouable des déplacements intérieurs : ne rien garder de ce qui a précédé, tout effacer ou disparaître dans ce tourbillon affectif qui nous emporte. Tel est le prix des transferts intérieurs.

Certains cherchent une place pour se mettre à l'abri de cette démesure, de ces secousses secrètes, ces ondes de choc qui menacent de nous emporter. On dresse, à notre tour, des barricades autour de nous. On a pris goût à l'endroit où l'on se trouve. On s'y est fait, on s'y est conformé. On a pris le pli de la vie statique, de la fixité. Nos existences sont gelées et nous pensons qu'elles sont stables. Elles sont immobiles et nous nous félicitons de leur constance.

« On aurait dû prendre l'habitude de se déplacer librement, sans que cela nous coûte. Mais on ne l'a pas fait : on est resté là où l'on était ; les choses sont restées telles qu'elles étaient. [...] On s'est mis à se croire bien là où l'on était[1]. »

1. Georges Perec, *Espèces d'espaces*, *op. cit.*, p. 141.

Nous avons oublié le déplacement, nous dit Perec. Nous nous sommes posés, nous nous sommes installés dans la tranquillité, la familiarité. Nous avons troqué l'inquiétude contre cette assise. Si nous nous aveuglons sans doute sur un équilibre en réalité bien fragile, il reste néanmoins le désir fort de trouver ou retrouver un ancrage. « Où poser sa tête ? » demande Michaux[1]. Dans le poème sombre qui porte ce titre, il ne reste que le ciel ; la terre est dévastée. Nous cherchons malgré tout une place en nous-mêmes, en habitant notre corps parfois déserté ou en en faisant une place, un cocon pour quelqu'un d'autre que nous. Devenir soi-même une place, un abri, un refuge, un lieu sûr. Accueillir l'autre et en prendre soin, comme une autre manière de faire de la place à quelqu'un.

Le jeu des places respectives des uns et des autres, dans les constellations mouvantes des relations affectives, amicales ou familiales, ne cesse de se reconfigurer au fur et à mesure des événements, joyeux ou tristes, des compositions ou recompositions, des liens de dépendance ou des prises de distance. Des places restent vacantes, elles sont le lieu du souvenir. D'autres manquent, on tentera de les occuper autrement, plus tard, d'une autre manière. La question de la place est aussi celle de la revanche, de la réparation ou de la réconciliation. Avec les autres, avec soi, avec une histoire à trous, dont les blancs sont une source de souffrance. On ne comble pas

1. Henri Michaux, *Déplacements, dégagements*, Gallimard, L'Imaginaire, 2013, p. 46.

toujours ces espaces vides, mais on écrit dans la marge. Ce qui s'écrit sur le côté, en parallèle du texte principal, est un espace de réappropriation personnelle du sens, de réflexion et de mise à distance de l'autorité. Écrire à côté, c'est faire entendre sa voix, celle qui s'affirme d'abord dans les marges mais qui pourrait bien un jour composer le cœur du texte.

Lézarder. Une place au soleil

Je regarde ce lézard. Il revient toujours à cet endroit qu'on partage. Comme moi, il se pose sur la dalle de pierres blanches qui chauffent au soleil aux alentours de midi. Il est parfaitement immobile. On se laisse tous les deux envelopper par la chaleur. Lui et moi, nous lézardons. Nous ne faisons rien d'autre que jouir de la lumière chaude, même les yeux fermés. Nous nous contentons d'être là. Et si je vis ces instants comme des parenthèses, le lézard ne fait qu'être parfaitement lui-même, dans une pure coïncidence à soi. Le lézard lézarde. Qui d'autre peut ainsi conjuguer si parfaitement son identité, connaître cette adéquation simple à soi ? Est-ce le privilège de l'animal ou la marque de la « pauvreté » de son existence ? Dans un texte au titre peu engageant, *Les concepts fondamentaux de la métaphysique*[1], Heidegger s'interrogeait lui aussi sur le lézard et refusait ce parallèle : non, le lézard ne se réchauffe pas au soleil de la même manière que nous. Nous pouvons nous réjouir d'un rayon de soleil ou nous poser des questions d'astrophysique. Le lézard ne

1. Martin Heidegger, « Seul l'homme a un monde », in *Les concepts fondamentaux de la métaphysique* (1929), Gallimard, 1983, § 47, p. 294-295.

se rapporte au soleil que d'une seule manière, dont il est comme prisonnier. L'animal serait « pauvre en monde » : enfermé dans son environnement « comme dans un tuyau qui ne s'élargit ni ne se resserre[1] ». Ainsi, être à sa place, dans une vie simple, ce serait d'une certaine manière se contenter d'un monde réduit, d'une existence restreinte, être contraint de se rapporter au monde selon un éventail limité de gestes, d'attitudes, d'actions. On voit se fissurer l'image utopique d'une vie passée à lézarder. On peut penser, comme certains philosophes, que la chance de l'homme est précisément de ne pas avoir de monde prédéfini et de pouvoir se déplacer hors de son milieu pour en appréhender d'autres. Notre place au soleil est toujours éphémère, l'ombre se décale au fil de la journée, et l'homme, contrairement à la plupart des animaux, est toujours tenté par d'autres soleils. Peut-être sommes-nous des êtres plus migrateurs qu'enracinés.

Cette place au soleil, sur la terrasse, est sans doute l'une de mes préférées. Mais dans cet instant, je suis comme suspendue, ce lieu ne dit rien de très spécifique sur moi, de ce qui me définit de manière singulière et me distingue des autres. Il est des espaces dont j'attends, non pas qu'ils m'enracinent, mais qu'ils me libèrent, qu'ils me délivrent momentanément de moi-même, qu'ils m'extraient du flux de pensées et d'actions attendues. Des lieux de suspension, des oasis de détachement. Des lieux où je m'oublie, où je me fonds dans le décor.

1. *Ibid.*

Faut-il compter sur les lieux, les espaces, au sens très concret (la chambre, la maison, le foyer, la forêt, la nature) pour nous unifier, nous rassembler ? Certains lieux sont pensés en termes de « place », comme s'ils étaient dotés d'une sorte de pouvoir presque ontologique : nous recentrer, nous révéler à nous-mêmes. Est-ce parce qu'ils agissent comme une « zone de protection majeure[1] », une forteresse protégeant du monde extérieur et permettant une certaine authenticité ? Est-ce parce qu'ils nous inscrivent dans une histoire, une lignée, dont ce lieu est la manifestation tangible, concrète ? En ce sens, les réflexions sur les espaces offrent bien plus que de simples considérations esthétiques ou pragmatiques : le rapport à l'espace est aussi une question philosophique de l'identité. Construire ou abîmer des espaces, c'est rendre possibles ou empêcher des trajectoires qui sont aussi les esquisses de tracés existentiels. En effet, les lieux ne sont pas innocents : par les interactions qu'ils autorisent ou interdisent, ils m'enferment dans la place que j'occupe, ou rendent visibles celles que je pourrais investir.

Nous ne vivons pas dans des espaces neutres et vides, grandes pages vierges sur lesquelles nous pourrions tout écrire. Nous sommes cadrés, encadrés par l'espace, influencés par son ambiance, sa coloration, son ordre ou son désordre. Perturbés ou stimulés, placés ou déplacés à mesure qu'il bouge, se transforme et nous bouscule. Le lieu où l'on se trouve n'est pas indifférent, il laisse une

1. Gaston Bachelard, *La Poétique de l'espace*, PUF, coll. « Quadrige », 1992, p. 45.

trace, forme des sillons discrets en nous. Le goût de la terre, la force des vents, le soleil lourd : l'énergie ou le poids des éléments qui nous entourent, nourrissent ou freinent nos élans. Chacun doit trouver sa place dans la structuration implicite des espaces, au sein des logiques des territoires qui sont des logiques d'appartenance. L'espace nous offre des cachettes, des lignes de fuite, des refuges, tout comme il peut nous exposer cruellement, nous contraindre ou nous condamner. La place est en effet plus qu'un lieu, elle est le trou que je creuse pour m'y mettre, le coin qui devient le mien.

Chacun cherche sa maison, cet endroit où l'on se déplace sans réfléchir, en fermant les yeux. Notre corps connaît le chemin. On n'allume pas la lumière la nuit. Peut-être est-ce sur ce mode un peu enfantin que l'on envisage sa place : un endroit rassurant, où l'on ne se cogne pas, même dans l'obscurité, un endroit familier qui protège notre sommeil et nos secrets. On cherche ce lieu presque maternel qui nous entoure et nous unifie :

« La maison, dans la vie de l'homme, évince des contingences, multiplie ses conseils de continuité. Sans elle, l'homme serait dispersé[1]. »

La question des lieux est de nouveau centrale depuis que nous avons connu une assignation à résidence, une mise en demeure. Au moment où l'homme s'imaginait nomade, libéré par la technique, le voilà qui se remet à rêver de cabanes, de nids, de lieux accueillants, de

1. *Ibid.*, p. 26.

foyers réconfortants, offrant d'autres façons de vivre. On n'en a pas fini avec les lieux, les places et les espaces. On cherche une « résidence ». Or résider, l'étymologie nous le rappelle, c'est avant tout arrêter un mouvement. *Residere* en latin, c'est s'asseoir et mettre fin à l'effort du mouvement ou de la station debout. C'est s'arrêter, se poser, cesser nos pérégrinations, nos déplacements. Cesser d'être en mouvement. Mais c'est aussi descendre, passer d'une certaine hauteur à une moindre. S'asseoir, s'abaisser. La langue latine emploie aussi le verbe *residere* pour décrire l'affaissement des montagnes, les flots qui se calment, les flammes qui s'affaiblissent, le fléchissement du vent. Résider, c'est exister sur un mode plus apaisé. C'est aussi perdre l'ardeur, l'élan, l'intensité d'une vie en mouvement. Faut-il alors, comme la toupie, créer un mouvement qui reste sur place, ou se décale de peu ? Est-ce dans cet équilibre instable d'une énergie tourbillonnante que nous réussirons à combiner le désir d'un endroit à soi et la vitalité du mouvement ?

Comme le rappelle Michel Foucault, évoquant « le problème de la place », les lieux ne sont pas neutres. L'espace n'est pas sans qualité. Ainsi, dit-il, « nous ne vivons pas dans un espace homogène et vide, mais au contraire dans un espace qui est tout chargé de qualités, un espace qui aussi peut être hanté de fantasme[1]. » Nous ne vivons pas dans l'indifférence au monde réel, matériel et historique

1. Michel Foucault, *Des espaces autres*, in *Dits et écrits*, t. IV : 1980-1988, Gallimard, 1994, texte n° 360, p. 754.

qui nous entoure. Les espaces sont habités de projections, d'espoirs, hantés de fantômes. Les lieux concentrent des moments du passé, des fragments de mémoire, ou symbolisent un avenir possible. Ils provoquent désir ou répulsion, certains nous attirent, d'autres nous angoissent. Les espaces auxquels je suis soumis, ceux que je traverse, laissent un peu de leur marque. Comme un tatouage intérieur. Les bruits, les parfums, les odeurs des terres de l'enfance.

Mais on connaît aussi les inquiétudes, les cauchemars des maisons « hantées » par un lourd passé ou parfois l'angoisse de ne pas savoir où dormir, de n'avoir plus de maison, de chez soi. Ou encore celle d'une maison qui me tombe dessus, parce que le toit est abîmé ou que la violence sourde y gronde et me détruit de l'intérieur. Parfois, la maison s'effondre en moi. L'effondrement du chez-soi est alors en soi.

« L'espace de notre vie n'est ni continu, ni infini, ni homogène, ni isotrope. Mais sait-on précisément où il se brise, où il se courbe, où il se déconnecte et où il se rassemble[1] ? »

Dans les contes, les maisons sont de bric et de broc, en paille, en bois ou en briques, on y est plus ou moins en sécurité. La finesse des parois dit la précarité d'une vie. Les maisons en sucreries sont celles où l'on risque de se faire dévorer. Parfois, dans les albums pour enfants, les maisons sont des nuages, rêves de légèreté et de douceur.

---

1. Georges Perec, *Espèces d'espaces*, *op. cit.*, Prière d'insérer.

24
JANVIER

St François de Sales

APPRENEZ À SOUFFLER !

Debout ou allongé(e), inspirez profondément, bloquez votre respiration et contractez tout votre corps, du visage au petit orteil, puis relâchez tout en expirant.

Renouvelez trois fois.

Sentez le calme de retour. À pratiquer quand vous perdez pieds.

nieme - niame en Tamachek
(langue Touareg)
les choses pas importantes

On les construit aussi dans les arbres, on les imagine sous la mer ou dans une tulipe géante[1]. On rêve toujours d'une autre maison, celle où l'on ne se cognerait plus, celle qui nous envelopperait, souvenir d'un premier cocon. Mais on peut dire aussi l'angoisse d'une maison molle comme celles d'Erwin Wurm, aux parois trop souples, ou d'un immeuble aux sols bancals et aux murs irréguliers, comme celui conçu par Hundertwasser à Vienne, avec des déclinaisons et des angles arrondis. Difficile de s'y déplacer sans se préoccuper de ses pas. On y expérimente corporellement l'inquiétude d'une vie chaotique, irrégulière. On tangue et ce flottement nous laisse sur le qui-vive.

Qu'est-ce alors que ce rêve d'une place à soi ? Celui d'un endroit à soi, d'un ordre où l'on s'insère, d'un réel rassurant avec des places établies ? Est-ce la recherche d'un lieu propre qui ne nous questionne pas, ne nous déroute pas, un lieu qui nous facilite l'existence par sa familiarité ? On sait pourtant l'ambivalence de ce familier, qui nous assèche, nous appauvrit par son manque de différence, sa répétition, cette identité sans variation. On se laisse tromper par le confort de la conformité, par l'illusion d'une stabilité. On voit bien que deux schémas s'opposent. Celui des lieux réels ou symboliques, conçus comme des socles ou des fondations sur lesquelles s'appuie notre identité. On se pense alors dans une lignée, dans un enracinement, ou une propriété qui nous rassure,

---

1. Michel Butor, *Chacun son cadeau*, illustrations de Takushi Kitada, Le Vert Paradis, Hachette, 1977.

nous permet de nous repérer. Mais on peut aussi, à la manière d'Henri Michaux, faire le tour de ses propriétés sans s'y reconnaître, ou comme d'autres encore, se faire léger, voyageur sans bagages ni attaches. Vivre comme un nomade dans l'existence[1]. Cependant, il reste le risque, comme le note pertinemment Gaston Bachelard, d'« être enfermé à l'extérieur ». Parfois, précise-t-il, « la prison est à l'extérieur »[2].

1. Henri Michaux, « Mes propriétés », *La Nuit remue*, Gallimard, Poésie/Gallimard, 2001, p. 95.
2. Gaston Bachelard, *La poétique de l'espace*, *op. cit.*, p. 194.

« Chaque chose à sa place »

> « C'est dans ces instants-là que je rêve d'un plan de travail vierge, intact : chaque chose à sa place, rien qui dépasse, tous les crayons bien taillés. »
>
> Georges Perec, *Penser/Classer.*

Quelle logique préside à l'occupation de nos espaces, de nos vies ? Ce qui y prend une place, à quelle contingence, à quel imprévu doit-il d'y être ? Ce qui traîne sur notre bureau, ceux qui s'attardent dans nos vies, n'est-ce pas finalement un peu par hasard ?

Pouvons-nous avoir une place, comme chaque chose est censée avoir la sienne, dans un monde bien ordonné ? Les choses ont-elles vraiment une place ? Cette idée ne sert probablement qu'à nous rassurer, quand nos vies sont flottantes, incertaines. Mettre de l'ordre, classifier, ranger seraient nos moyens dérisoires pour lutter contre le sentiment d'un gigantesque désordre ou d'une absence de sens, de l'absurdité de nos vies. On voudrait « aménager notre territoire », comme le dit Georges Perec dans *Penser/Classer*. On aimerait pouvoir ranger notre vie comme nous réussissons momentanément à ranger notre bureau.

« Cet aménagement de mon territoire se fait rarement au hasard. Il correspond le plus souvent au début ou à la fin d'un travail précis ; il intervient au cœur de ces journées flottantes où je ne sais pas très bien si je vais m'y mettre et où je me raccroche à ces seules activités de repli : ranger, classer, mettre de l'ordre. C'est dans ces instants-là que je rêve d'un plan de travail vierge, intact : chaque chose à sa place, rien qui dépasse, tous les crayons bien taillés [...], pas de papier du tout, seulement un cahier ouvert sur une page blanche[1]. »

On rêve d'un ordre où chaque chose serait à sa place et où nous serions nous-mêmes à la nôtre. Cet ordre ferait surgir le possible, comme l'idée neuve émerge d'une page blanche. Mais nos vies, comme notre table de travail, sont vite encombrées d'objets que le hasard ou les nécessités éphémères déposent devant nous, qui s'y intègrent et prennent de la place, pour un moment ou de manière durable.

Pourquoi m'est-il si difficile de ranger ? Peut-être précisément parce que, contrairement à ce que nous tenons pour acquis, chaque chose a plusieurs places possibles et non pas une place définitive. Chez moi, les choses se dispersent, elles ne tiennent pas en place, comme des enfants turbulents. Il n'y a pas toujours d'endroit évident pour une chose. Classer les choses, les remettre en ordre, à leur place, me demande toujours une énergie démesurée. Il y a tellement de façons différentes d'ordonner les choses : organiser un placard,

1. Georges Perec, *Penser/Classer*, Seuil, Points, 2003, p. 18.

trier ses papiers, ranger sa bibliothèque. Et si la dimension pratique prend souvent le dessus, elle ne suffit pas à résoudre la question. Car les places ne vont pas de soi. Ni celles des choses, ni celles des personnes. Bien sûr, celles-ci ont souvent une place déjà définie, du moins théoriquement, par leur statut, leur fonction, leur relation avec moi. Le hasard de la naissance, les circonstances, le déterminisme social, tous ces éléments ont donné une place dans mon « monde » à ma sœur, mon supérieur hiérarchique, mes amis, mes voisins. Une place centrale et durable ou, au contraire, fragile, éphémère, accidentelle.

Même si cet ordre est provisoire, même s'il est susceptible d'être bouleversé, nous en avons besoin, comme nous avons besoin d'un quotidien organisé par l'habitude. Mais l'ordre a deux faces, l'une rassurante, l'autre accablante, selon le psychanalyste J.-B. Pontalis[1]. Ce qui reste à sa place est aussi immobile. La place qu'on garde nous inscrit dans une certaine continuité, mais elle peut aussi briser l'élan en nous. On est alors tenté par la transgression, même minime. On sème le désordre dans les limites de sa chambre. Enfant ou adulte, on teste les limites d'un chambardement joyeux, dépaysant : on « [met] le monde à l'envers dans les limites étroites de

1. J.-B. Pontalis, *L'amour des commencements*, in *Œuvres littéraires*, *op. cit.*, p. 166 : « Le familier, ce qui est ainsi, ce qui ne bouge pas, ce qui reste à sa place, là où on l'a posé. Non, pas tout ce qui reste à sa place, car l'immobile a deux faces. Il y en a une qui rassure : [...] garantie de continuité. L'autre face, accablante. Reste de nos restes, retombée sans fin de ce qui fut vivant. »

[sa] chambre[1] ». Comme pour se convaincre que cette place que l'on tient ne nous contient pas.

Car nos places, dans certains cas, nous contraignent, nous figent dans une identité qui n'est plus la nôtre. Cette place si familière, que dit-elle encore de vrai sur moi ? N'est-ce pas seulement le souvenir de celui ou celle que j'ai été ? Qui n'a pas été vexé (ou secrètement réjoui) d'être encore à la table des enfants ? Cette place-là, dans cette famille, dans cette situation sociale, est-elle encore la mienne ou celle de quelqu'un que je ne suis plus ?

Nous sommes à la fois rassurés par la répétition et l'occupation habituelle des places, et angoissés à l'idée de nous laisser emprisonner par cet ordre[2]. Nous sommes aussi inquiets d'un ordre qui vacille et nous fait vaciller avec lui, qu'insatisfaits à l'idée de stagner. Cette ambivalence de notre rapport à l'ordre du monde et à la place de chacun explique les oscillations de nos existences, les hésitations quant aux lieux réels et symboliques que nous habitons. On attend ainsi souvent d'un changement d'endroit qu'il produise, confirme ou matérialise des déplacements intérieurs, des modifications intimes.

Mais l'ordre me classe autant qu'il me déclasse. Et l'on se méfie des places assignées qui prescrivent nos comportements et prédéterminent nos actions. L'injonction

1. *Ibid.*

2. *Ibid.*, p. 187-188 : « Que chacun ne soit plus exactement à sa place, que les fleurs émigrent de leurs plates-bandes, que les professeurs quittent leur estrade et je commence à vaciller, à ne plus savoir où j'en suis. C'était moi qui réclamais cet ordre, cette répétition, ces contraintes. »

« reste à ta place » s'adresse souvent à ceux qui menacent de bouleverser l'ordre établi, les hiérarchies installées, les pouvoirs dominants. Celui à qui l'on intime de rester à sa place est celui que l'on veut enclore dans un espace mineur, secondaire, inférieur. Dans la hiérarchie du couple, de la famille, du travail, la parole de la femme, de l'enfant, du domestique, de l'ouvrier, peut ainsi être muselée. Rester à sa place, c'est rester silencieux, ne pas parler de ce que l'on n'est pas censé comprendre, ce qui ne nous « regarde » pas. Celui à qui on ordonne de rester à sa place est précisément celui qui a déjà commencé à regarder ailleurs. Au-delà de la cuisine, de la chaîne de production, de l'atelier de confection.

Si l'on peut imaginer un monde où chaque chose aurait sa place, il faut pourtant se méfier des univers où la place de chacun serait prédéfinie. Perec souligne la violence des taxinomies, des ordres fixes, des assignations de places. « Derrière toute utopie, rappelle-t-il, il y a toujours un grand dessein taxinomique : une place pour chaque chose et chaque chose à sa place[1]. » Classer, déclasser, déplacer, interdire de nouvelles places, et avec elles, des dynamiques, des échanges, des rencontres. Distinguer, séparer pour s'assurer que les lignes des uns et des autres ne se croiseront pas. L'idée que « chaque chose a sa place » devient angoissante. Penser des mises en place, c'est assigner à chacun une place fixe, l'enfermer dans cette case, épinglé au mur avec son étiquette, comme dans un vieux muséum d'histoire naturelle. Mais

1. Georges Perec, *Penser/Classer*, *op. cit.*, p. 155.

cela suppose aussi l'impossibilité que les places soient redistribuées. « Chacun sa place » ne laisse aucune place, comme le dit Perec, ni au hasard, ni à la différence[1].

Pas de place pour la surprise ou l'imprévu dans ce grand épinglage. Contrôle des espaces, contrôle des activités qui s'y déroulent, contrôle des gestes qui participent à ces activités, les désirs d'utopie sont l'expression latente d'un besoin d'ordre. On classifie pour maîtriser ou croire que l'on maîtrise ce qui, en réalité, nous échappe. Dans ces utopies, on imagine un monde où les places seraient pensées à l'avance. Mais le propre d'une place est sans doute précisément qu'elle ne cesse de se déplacer, d'être déplacée, ou de déplacer celui qui croit pouvoir s'y installer.

Dans ces univers ordonnés, planifiés, l'illusion serait de croire que la place qu'on m'attribue reflète ma personnalité ou ma valeur. Il semble au contraire que la singularité de chacun s'efface dans cet ordonnancement. Imaginer des mondes si cadrés, c'est affirmer que rien ni personne n'est imprévisible, inclassable, véritablement libre, que chacun peut finalement être inscrit dans une liste, dans une série, où se diluent les caractères particuliers, où l'identité personnelle disparaît. Accepter l'idée que « rien au monde ne soit assez unique pour ne pas pouvoir entrer dans une liste », est, comme le dit Perec, « exaltant et terrifiant à la fois[2] ».

---

1. *Ibid.*, p. 155 : « Toutes les utopies sont déprimantes, parce qu'elles ne laissent pas de place au hasard, à la différence, aux “divers”. Tout a été mis en place et l'ordre règne. »

2. *Ibid.*, p. 166.

La liste, étymologiquement, est la bordure. En faisant des listes, on borde le monde, on le cadre, on donne un ordre aux choses et aux êtres, pour leur éviter de déborder hors du cadre. On délimite, on se donne l'impression d'une maîtrise du réel et d'une représentation possible de son organisation. Mais chaque liste n'est qu'une perspective et toute liste établit une hiérarchie, des priorités, des valorisations implicites. Toute liste nous expose à la violence des classements, des hiérarchies, des « rankings », violence du chiffre qui désigne ta place et prétend signifier ta valeur. Violence de la logique quantitative qui se substitue à la reconnaissance, plus lente et plus subtile, de qualités. Nous sommes à chaque moment susceptibles de nous retrouver classés, de voir notre nom dans une liste, rangé dans une colonne, dans laquelle on ne se reconnaît pas, qui nous stigmatise ou nous condamne par avance.

Je cherche mon nom dans la liste. Je le vois enfin. Je suis soulagé d'y être, d'en être, de faire partie de ceux qui ont conquis une nouvelle place. Mais quelles contorsions ont été nécessaires pour s'y inscrire ? Quels faux-semblants, quelles postures factices, quels artifices ? Ne vaudrait-il pas mieux se rêver « inlistable » ? La liste nous interroge sur l'unicité des êtres. Suis-je vraiment heureuse d'être sur la liste de ce Don Juan ? Où est la joie d'être la « mille e tre » de son interminable catalogue où toutes les femmes sont bonnes à prendre tant qu'elles « portent jupe[1] » ? Noyée dans cette liste de conquêtes, au milieu

1. Mozart, *Don Giovanni*, air n° 4, « Air du catalogue ».

de ces « femmes de tout rang, de toute forme, de tout âge », qui suis-je encore ? Être dans une liste, s'inscrire dans une série, cela signifie que l'on y est remplaçable. Mais c'est aussi être pris dans un ordre. Quelle est ta place sur la liste, la première, la dernière ? Sur quelle liste faut-il être le premier ? Quand préfère-t-on être le tout dernier ?

Déserter

On peut souffrir de n'avoir pas sa place, tout comme on peut désespérer de voir à quel point celle-ci est dessinée depuis longtemps, comme si elle nous attendait, comme si on n'était là que pour remplir cette case du grand échiquier social. Dans son roman *Un homme qui dort*, Perec traduit cette angoisse d'une vie déjà toute tracée au sein de laquelle même les bifurcations semblent prévisibles, comme si le sujet devait inévitablement être rattrapé par ce qu'il est censé être, ce qu'on attend de lui. Comme si la force d'inertie de l'organisation sociale condamnait à l'avance, dans une tragédie sans transcendance, à ne pouvoir être que soi, à ne pas pouvoir s'imaginer autre, à ne jamais se risquer à sortir des rails. C'est à cette vie en mode automatique que le protagoniste du roman de Perec tente d'échapper en stoppant net tout mouvement, en refusant un matin de se lever, en coupant court à la mascarade sociale :

« Tu n'as guère vécu, et pourtant, tout est déjà dit, déjà fini. Tu n'as que vingt-cinq ans, mais ta route est toute tracée. Les rôles sont prêts, les étiquettes : du pot de ta première enfance au fauteuil roulant de tes vieux jours, tous les sièges sont là et attendent leur tour. Tes aventures sont si bien décrites que la révolte la plus violente ne ferait sourciller personne[1]. »

Si chaque moment est déjà prévisible, si notre vie est jouée d'avance, voulons-nous encore jouer à ce jeu[2] ? Si la puissance contraignante de la désignation, l'attribution à chacun de sa place et de son rôle nous dépouillent du pouvoir même de choisir, peut-être reste-t-il comme seule possibilité de refuser de jouer, refuser le simulacre de liberté et déserter. Le héros ne se lève pas, ne va pas passer l'examen et « [s]a place reste vide[3] ». L'affirmation de notre existence paraît alors plus forte dans la désertion, l'absence visible que dans le fait de s'insérer parfaitement dans la trame sociale à l'endroit que l'on nous désigne. Comme le dit le narrateur : « Tu préfères être la pièce manquante du puzzle[4]. »

Quand la place est à ce point prescrite, quand la forme de mon existence dans ses moindres contours semble déjà si précisément dessinée, il ne reste que l'absence pour se rendre visible. Pour exister par soi et contester cette place qui ne nous convient pas, parfois, l'effacement ou la disparition sont paradoxalement le dernier moyen d'en revendiquer une autre.

---

1. Georges Perec, *Un homme qui dort*, Gallimard, Folio, 1990, p. 43.
2. *Ibid.*, p. 44 : « Tout est prévu, tout est préparé dans les moindres détails : les grands élans du cœur, la froide ironie, le déchirement, la plénitude, l'exotisme, la grande aventure, le désespoir. »
3. *Ibid.*, p. 20.
4. *Ibid.*, p. 45.

Quand l'enfant se cache un peu trop longtemps, quand l'adolescent fugue pour quelques heures ou quelques jours, quand des adultes disparaissent sans laisser de trace, que disent-ils de la place qui était la leur et du désir d'y échapper ? Ne pas être là où l'on nous attend, affronter sa peur d'un autre endroit ou d'une solitude peuvent motiver ces excursions hors du cercle, ces mouvements à la périphérie de notre place habituelle. Mais on abandonne aussi une place pour en tester d'autres, parce qu'on y étouffe ou parce qu'elle n'est plus adéquate à la nouvelle forme de notre existence ou de notre identité. Ce n'est pas seulement jouer avec l'idée de sa propre disparition mais aussi avec celle d'une autre place possible, où se dirait de nous quelque chose d'inédit.

Dans le roman de Perec, l'« homme qui dort » observe au plafond, de minuscules lézardes, au mur, un miroir fêlé qui morcelle le reflet de son visage[1]. Dans son esprit, quelque chose se brise. Ce qui se fissure, c'est l'ancienne conviction, si familière, qu'une place nous correspond et définit notre identité, là où l'expérience et l'histoire devraient au contraire nous apprendre que les places que l'on occupe sont contingentes et précaires. Perdant le fil d'un texte qu'il ne parvient plus à lire, l'homme qui dort perçoit soudain la fragilité du fil d'une vie, se met à douter de la soi-disant continuité de l'existence. Son absurdité surgit brusquement « un jour de mai où

1. *Ibid.*, p. 22 et 44. Les citations qui suivent sont extraites des pages 22, 23 et 26.

il faisait trop chaud », au détour « d'un bol de Nescafé trop amer ». Quelque chose s'est, comme le dit Perec, cassé, altéré, défait. La représentation confiante d'une vie comme la trajectoire d'une flèche, la chaleur de ce sentiment intérieur d'avoir une existence et une importance, disparaissent. Mais c'est aussi l'impression d'« adhérer, de baigner dans le monde [qui] se met à faire défaut ». Le sujet se détache, se décolle du monde, cesse de faire corps avec lui. La distance s'impose, le doute s'immisce, le sentiment d'appartenance s'évanouit. L'évidence de la participation, de l'inscription, de l'immersion dans la réalité s'estompe. Le sujet cesse d'être porté, soutenu par cette croyance d'un sens existentiel et d'une place qui soit assurance et reconnaissance. Le monde vacille ou plutôt s'éloigne de ce dernier. Mise en orbite du sujet.

Si ce roman propose une figure de la mélancolie[1], il pose également la question de l'impossible consentement à une existence sans surprise, sans invention. Si trouver sa place n'est rien d'autre que suivre le mode d'emploi d'une vie déjà entièrement rédigé, celle-ci n'est plus rassurante mais au contraire invivable, dans la mesure où l'expression de toute singularité semble par avance niée. Dans ce jeu de l'oie, les pions sont interchangeables. Un autre étudiant prendra la place qui aurait été la mienne dans le classement de ce concours, épousera la femme

1. Voir sur ce point Jérôme Porée, *L'espérance mélancolique, un dialogue entre philosophie et psychiatrie sur le temps humain*, Paris, Hermann, 2020, p. 14.

que j'aurais rencontrée lors de ces études, habitera le pavillon de banlieue qui aurait pu être le mien. Dans ces parcours archétypaux, le sujet disparaît dans une trajectoire sociale trop prévisible. Que reste-t-il de sa volonté propre ? De quoi décide-t-il vraiment ? Pour l'anti-héros de Perec, la seule manière d'imposer sa subjectivité est de ne pas rentrer dans le jeu, de laisser la place vide, sans se faire d'illusion sur le fait qu'elle sera vite occupée par un autre. Désertion vaine ? Sans doute. Expression également de la violence d'un déterminisme social où les trajectoires sont des sillons dont tout déroutement se paye au prix fort. Nous reviendrons sur ce « coût » des moments où l'on « déraille ».

Cette désertion, si elle prend une forme presque métaphorique dans l'œuvre de Perec, se manifeste de manière plus littérale dans les lignes de fuite empruntées par d'autres figures de la littérature. Les histoires de bohémiens modernes, de nomades de l'asphalte, s'étalent sur des kilomètres de papier enroulés sur eux-mêmes. Pourquoi certains sont-ils incapables de tenir en place ?

Ceux qui ne tiennent pas en place

« Sait-on exactement pourquoi les gens s'en vont ? »

Michaël Ferrier, *Mémoires d'outre-mer.*

Ils ne savent pas toujours pourquoi ils partent, ni pourquoi cette place leur paraît désormais intenable. Ils sentent confusément, ils ressentent presque physiquement qu'il n'est plus possible de rester là. Le départ, la fuite même parfois, s'imposent comme une nécessité, aussi inexplicable qu'impérative. On trouvera sans doute des raisons, des justifications, mais ce besoin d'ailleurs n'a pas d'autre nom que celui de liberté. Il faut « dégager », se dé-gager, se libérer de tous les gages, n'être plus engagé par rien. Cette liberté négative commence par nier ce qui apparaît comme des pièges, elle est cruauté. Elle est déchirure, libération par la destruction de ce qui a préexisté. C'est à ce prix, le sacrifice des liens, que se paie la légèreté de l'homme sans bagage. L'écrivain Michaël Ferrier dépeint cette figure dans *Mémoires d'outre-mer* :

« Un homme qui part : la fissure dans le mur, la déchirure dans le tissu. Quelle grâce, mais aussi quelle violence dans cette vie… Partir, tout foutre en l'air. Surtout ne pas revenir, partir sans demander son reste. Se dégager de l'hypnose, des routines mécaniques, somnambuliques, sortir de l'horlogerie de la mort[1]. »

Ce départ rejoue le geste même d'exister, au sens étymologique : « sortir de ». S'extraire de ce qui nous englue dans une répétition morne. Le départ a à voir avec son contraire, l'habitude mécanique. Avec ce qui est figé et mort, ce qui fonctionne sans être animé. On n'habite plus sa vie, on y obéit. L'hypnose, une vie ensommeillée, une conscience en demi-teinte. Une demi-vie. Atone, répétitive et désertée de tout sujet, de toute envie, de tout élan. Une vie sans présence, sans intensité, dans l'absence à soi.

Rompre, partir, c'est se donner une chance, une grâce, se sauver. La destruction est le sacrifice nécessaire de ce qui ne peut plus constituer le cadre ou le rythme de notre existence. Ce dégagement est extraction hors de cette vie, soustraction de tout ce qui nous y rattachait, liens et possessions, il est affranchissement radical, retour du mouvement : « Soudain, rien qui agrippe, ou qui bloque, rien qui retient. […] Tout départ s'accompagne de clarté[2]. » Ne plus accepter ce qui nous attache, se désencombrer des choses, se délivrer des hommes[3]. Car tel est bien le « crime d'exister », comme le dit l'auteur : il suppose le

1. Michaël Ferrier, *Mémoires d'outre-mer*, Gallimard, L'Infini, 2015, p. 53.

2. *Ibid.*, p. 54.

3. *Ibid.*, p. 53-54 : « Il y a de la cruauté, bien sûr, dans ce passage à la limite. Par exemple : laisser sa mère mourir seule, là-bas, sur un coin de terre oublié, pour tout connaître du crime d'exister. »

courage, peut-être aussi le plaisir coupable de « tout foutre en l'air » et d'abandonner les siens.

Que nous disent en effet ces hommes et ces femmes qui ne tiennent pas en place ? Ils manifestent aux yeux de tous ce désir souvent réfréné de tout larguer, de tout laisser en plan, dans la brutalité et l'égoïsme de ce geste. Le désir de n'être assigné à aucune place et de se dégager de toute responsabilité. Troquer la place contre la fuite, le lieu contre le mouvement, la stabilité contre le déplacement. Il ne s'agit pas d'atteindre un lieu, mais de tracer la route[1]. C'est dans ce geste du départ qu'est l'aventure, mais aussi peut-être le sentiment d'échapper à l'enlisement et au déterminisme, à un destin désespérant, au piège d'une place sociale dans laquelle on stagne. L'homme qui part manifeste une tentation qui nous travaille tous et incarne la possibilité d'être ailleurs que là où le hasard nous a fait naître, là où l'on nous attend. Cette audace, cette forme de désobéissance produisent des sentiments ambivalents, on fantasme, on jalouse, on condamne l'homme qui part. Mais sa figure ouvre une brèche : nous pourrions bien, nous non plus, ne pas nous contenter de rester à notre place. Dans un passage aux accents proustiens, Michaël Ferrier décrit

1. Catherine Poulain, *Le grand marin*, Seuil, Points, 2017, p. 9 : « Il faudrait toujours être en route pour l'Alaska. Mais y arriver à quoi bon. J'ai fait mon sac. C'est la nuit. [...] Je pars, le bout du monde, sur la Grande bleue, vers le cristal et le péril, je pars. Je ne veux plus mourir d'ennui, de bière, d'une balle perdue. De malheur. Je pars. »

ce geste d'affranchissement comme la condition d'une liberté radicale :

« Un homme qui part provoque toujours une sorte de frémissement anxieux, entre le désir et la crainte, et suscite généralement la plus unanime des réprobations. [...] Mais qu'est-ce qu'il a à s'en aller comme ça ? Il ne tient pas en place. Un homme qui part brise à lui seul le fil des heures, l'ordre des années et des mondes, il montre que les rangs peuvent se mêler ou se rompre, que la musique du temps est multiple et qu'il est libre de vivre comme il l'entend[1]. »

Ne pas tenir en place, c'est refuser d'être arrimé à un endroit, limité à un rythme, assujetti à une manière de vivre ou de penser. C'est ne pas se laisser enfermer dans un seul mode d'être, s'offrir le luxe d'expérimenter d'autres vies. Sortir de notre existence comme d'un filet dans lequel on est pris. Se dégager dans ce pas de côté, sortir du rang et questionner le rang lui-même. N'être plus retenu, ralenti, contraint. Refuser les entraves. S'offrir une absolue liberté de mouvement et de pensée.

Dans ce geste, dont on a déjà dit la cruauté, ne s'exprime pas seulement l'égoïsme d'un être. Dans ce mouvement de départ se dit probablement sa nature profonde. Peut-être n'est-ce que dans ce déplacement incessant que certains peuvent supporter leur présence au monde. Il est sans doute des individus pour qui les sols sont toujours mouvants, menaçant de les ensevelir sous une charge insupportable, des êtres pour qui le lien

1. Michaël Ferrier, *Mémoires d'outre-mer*, *op. cit.*, p. 43.

durable, l'engagement apparaissent comme une privation de liberté intolérable. Ceux pour qui la fixité et la fiabilité sont impossibles, intenables. Peut-être ne faut-il pas contraindre ceux qui s'enfuient et reconnaître en eux cette incapacité intérieure, cette souffrance peut-être à se lier, se fixer.

Dans son roman intitulé *Par les routes*, Sylvain Prudhomme affirme que « le monde se divise en deux catégories. Ceux qui partent. Et ceux qui restent[1]. » Les protagonistes sont d'anciens amis d'une jeunesse nomade et sans attaches : Sacha, écrivain, et un personnage à la Kerouac, nommé l'auto-stoppeur – comme si cette incapacité à rester durablement sur place l'empêchait également de s'ancrer dans une identité. Les deux hommes se retrouvent par hasard après une vingtaine d'années dans une petite ville du sud-est, où Sacha, célibataire de quarante ans, espère « entamer une nouvelle vie », loin de l'agitation parisienne[2]. Dans cette ville elle aussi anonyme, comme si elle permettait de redevenir neuf, Sacha aspire à une renaissance. De cet endroit silencieux et calme, il attend une réunification intérieure :

« J'avais eu envie de ce calme. Il m'avait semblé qu'à V. je saurais retrouver la concentration, l'ascèse qui depuis des années me manquaient. La juste dose d'isolement qui

1. Sylvain Prudhomme, *Par les routes*, Gallimard, L'arbalète/Gallimard, 2019, p. 129.

2. *Ibid.* : « De toutes mes forces, je souhaitais changer d'air. Destruction, reconstruction : c'était mon programme pour les jours et peut-être pour les années à venir. »

me permettait enfin de me ramasser, de me reprendre, peut-être de renaître[1]. »

Or ce lieu où Sacha pense se recentrer est celui que l'auto-stoppeur fuit régulièrement, partant toujours un peu plus longtemps et un peu plus loin de sa femme Marie et de leur fils Agustín. Comme s'il était toujours incapable, vingt ans plus tard, de s'inscrire durablement dans un paysage, réel ou affectif, de s'établir, de s'arrêter. Comme dans sa jeunesse, il ne donne de ses nouvelles que par des cartes postales qui retracent brièvement ses pérégrinations. Celles-ci se font de plus en plus rares et il devient clair que la dernière escapade est en réalité une fuite sans retour. Sacha qui s'est rapproché de Marie, incarne désormais celui qui reste, celui sur lequel on peut compter. Celui qui tient sa place. S'il ne prend pas la place de l'auto-stoppeur, qui n'a jamais vraiment occupé celle d'un compagnon ou d'un père, Sacha se fait une place auprès de Marie et d'Agustín. Par sa présence et sa constance, il dessine cet espace dont le besoin paraît évident, pour lui autant que pour eux.

On voit bien ici à quel point la place est synonyme d'engagement, d'inscription dans la durée. Elle est rapport au lieu, tout autant que rapport au temps. Elle est relation à soi et à autrui qui oblige, qui lie. C'est pour cette raison qu'elle inquiète.

Sans doute faudrait-il parler aussi de ceux qui ne conçoivent pas de s'arrêter, ceux pour qui la place se déforme en ligne, en flèche et s'étale sans cesse, d'un

1. *Ibid.*

point à un autre, ceux dont l'énergie est celle du mouvement. Il faudrait parler de ce plaisir d'être nomade, de n'être que de passage, de découvrir ce que d'autres terres, d'autres visages nous font devenir. Celui que l'on devient au contact de la différence et de l'altérité. Ce plaisir de n'être jamais installé, d'être toujours sur le départ, dans la projection d'un nouvel ailleurs.

S'enraciner

Certains fuient pour dévier des mauvaises routes, pour esquiver l'enlisement qui vient, comme lorsqu'on voit monter les eaux boueuses. Ils fuient pour éviter la déchéance, déjouer la fatalité de la honte. Or celui qu'on ne veut pas devenir se tient souvent au plus près de nous ; la place honnie, c'est celle du proche. Le père, la mère, le frère comme figure repoussoir, comme image à brûler. C'est ce destin raté qu'on espère esquiver. Dans *L'Amant* de Marguerite Duras, la mère est l'incarnation de la honte, elle est celle qui, dans son être et ses paroles, enjoint à la fuite. Il faut échapper au sort qui est le sien[1]. Cette mère exhorte la narratrice à s'extirper du piège de leur vie d'expatriés désargentés.

« Elle ne me regarde pas, elle dit : peut-être que toi, tu vas t'en tirer. De jour et de nuit, l'idée fixe. Ce n'est pas qu'il faut arriver à quelque chose, c'est qu'il faut sortir de là où l'on est. »

S'enfuir, se tirer pour s'en tirer, s'extraire des lieux de la déchéance. S'en sortir. La destination n'est pas connue,

1. Marguerite Duras, *L'Amant*, Minuit, 1984, p. 32 : « Elle nous fait honte, elle me fait honte dans la rue devant le lycée [...] tout le monde regarde, elle, elle s'aperçoit de rien, jamais, elle est à enfermer, à battre, à tuer. »

mais on sait ce que l'on fuit, on sait ce à quoi on veut échapper. À quel destin fatal, à quelle histoire horrible. Tout quitter, laisser derrière soi ce passé qui nous condamne par avance à l'échec. Ouvrir l'avenir en changeant de lieu, en oubliant qui l'on est. S'exiler, disparaître et réapparaître ailleurs, neuf, anonyme.

C'est aussi ce que tente de faire l'héroïne de Laurent Mauvignier dans *Histoires de la nuit.* Mais l'histoire ancienne, tel le tatouage bizarre de l'héroïne, stigmate d'un passé marginal, reste gravée en nous, nous embarrasse. Le lieu que je fuis me suit comme une ombre menaçant sans cesse ma vie nouvelle. Cette place dont je ne veux plus, je l'emporte avec et malgré moi, cette identité maudite reste la mienne, quels que soient mes efforts pour la dissimuler. Les témoins de ce passé me retiennent prisonnier dans cette place, la réaffirmant sans cesse comme ma véritable identité. Ils s'échinent à me rappeler qui j'étais, comme si ce passé m'obligeait à rester le même. Quels comptes avons-nous à rendre à la personne que nous ne voulons plus être ? Quelles sont ces fausses loyautés évoquées par ceux qui ne supportent pas que nous soyons partis, que nous ayons changé ? Si certains tiennent tant à nous reconduire définitivement à notre ancienne place, si notre départ leur apparaît comme une trahison, c'est sans doute parce qu'ils le vivent comme un désaveu, comme la remise en question de leur vie qui, elle, reste à la même place. Ils craignent de voir à travers nous ce qui est possible au-delà de leur petit horizon. Quitter le village, la cité, le quartier ; partir pour la ville, « monter » à la capitale, vivre à l'étranger. Par ces déplacements, on affirme qu'on peut changer de place et on provoque l'inquiétude de ceux qui, dans le fond, ne sont pas si certains d'être bien à la leur.

Il y a, dans l'œuvre de Laurent Mauvignier, plusieurs figures de femmes tentant d'échapper à la fatalité d'une vie médiocre, aspirant à un autre destin. Dans *Continuer*, Sibylle se souvient de son rêve de jeune étudiante, devenir chirurgienne. Le roman fait le bilan, à l'âge adulte, de ses illusions perdues, soulignant rétrospectivement le ridicule de ses ambitions. Comment cette femme, issue d'un milieu modeste, a-t-elle pu espérer une telle ascension ? La vie parfois semble nous remettre à notre place quand nous avons eu l'orgueil de prétendre à autre chose. Elle nous rappelle d'où l'on vient et où l'on est censé rester, elle nous renvoie à notre rang subalterne. Rester à sa place, rester le même, ne pas sortir du rang. Ne pas changer l'ordre du monde, ne pas l'interroger. Ritournelles incessantes. Ces voix critiques, impératives, ces injonctions à la modestie, comment les faire taire en soi ?

Devenue adulte et mère, l'héroïne de Mauvignier, Sibylle, dont le fils Samuel est en crise depuis le divorce de ses parents, décide d'un nouveau départ. Elle vend la maison héritée de ses parents pour financer un grand voyage. Liquider symboliquement le passé, se libérer des lieux et des places, et tout miser sur le cheminement. Elle choisit de partir pour une longue randonnée à cheval dans le Kirghizistan, comme si ce « déplacement » pouvait rebattre les cartes. Mais le voyage tourne au cauchemar, et le récit semble donner raison au père de Samuel qui condamnait depuis le début cette entreprise irresponsable, tout à l'image de son ex-femme incapable de garder les pieds sur terre. Intériorisant ce jugement d'échec, Sibylle reprend à son compte ces critiques. Elle aurait dû se contenter de « n'être que cette personne qu'on est [...] ; apprendre à vivre à la hauteur de sa médiocrité, apprendre à s'amputer de [ses] rêves de grandeur, vivre au calme, à l'abri de [ses] rêves[1]. »

Sibylle incarne une vie empêchée, marquée par l'abandon de ses études de médecine et habitée par la honte d'avoir été ambitieuse. Son personnage reflète l'existence de bien des femmes, mais aussi des personnes issues des milieux populaires, et *a fortiori*, la vie des femmes des milieux populaires. Rester dans le cercle assigné, accepter l'« espoir ceinturé » et le « désir bordé de limites »[2]. N'être que ce qu'on est, renoncer à d'autres possibles, d'autres déploiements de soi, à la puissance même de choisir qui l'on veut être. Le fait d'avoir eu l'audace de s'imaginer en chirurgienne, puis en écrivaine, revient sur elle en boomerang, comme un orgueil démesuré, une prétention qui se renverse en honte de soi et mépris de sa propre naïveté[3].

---

1. Laurent Mauvignier, *Continuer*, Minuit, 2016, p. 20.
2. *Ibid.*
3. *Ibid.* : « Le plus souvent, elle oublie, mais parfois, ça revient : une bouffée de honte. [...] Pas de sentiments, pas de pitié – juste la honte, le dégoût, le mépris de soi. »

L'histoire aurait pu s'arrêter là, sur le bilan d'un échec et la frustration de n'être que soi. Mais l'auteur donne l'indice d'autre chose. Car le roman que Sibylle n'écrit pas finit bien par exister sous la plume de Mauvignier. Et l'ex-mari, figure de la rationalité frileuse, se laisse lui-même surprendre par la plasticité des êtres, et par ce dont Sibylle et son fils s'avèrent capables. Nous pouvons être autres que ce que nous sommes. « On n'est peut-être pas définitivement ce qu'on est[1] », suggère l'auteur. Une seconde chance est toujours possible. Nous vivons sans doute plusieurs vies. Qui sait qui écrira le prochain roman ?

Partir n'est pas nécessairement s'enfuir sur un coup de tête, ou dans un prolongement de notre nature nomade. Le départ s'articule parfois avec une double logique de l'arrachement et de l'enracinement. Se donner un lieu, c'est alors le conquérir par l'entêtement, dans l'affirmation de soi et la réappropriation de sa vie. Décider de sa place, non par ambition, mais pour donner un sol, une place à son fils. Reprendre le jeu en mains. Refuser la fatalité d'une vie mal commencée. Choisir, pour avoir une place sociale, affective, de se faire une place dans une famille qui n'est pas la nôtre. Dans son roman *L'Annonce*, Marie-Hélène Lafon met en scène une femme de trente-sept ans qui répond à la petite annonce de Paul,

1. *Ibid.*, p. 55 : « il voit un garçon qui le regarde et qui n'attend rien de lui ; il s'étonne, pour la première fois de sa vie il voit que son fils ne le regarde pas avec admiration, il voit que son fils est ailleurs, et que non, finalement, on n'est peut-être pas définitivement ce que l'on est. »

un paysan de dix ans son aîné. Si Annette s'y décide, ce n'est pas seulement pour combler sa solitude de mère célibataire ou pour réparer les blessures d'un premier mariage destructeur. S'il faut partir, « s'arracher », selon le terme qui scande le texte, c'est pour sauver son jeune fils, Éric. Il faut s'arracher pour rompre avec la malédiction qui le condamne à n'être personne. Ce que veut Annette, c'est donner à son fils une place que le pays du Nord lui refuse : « Il ne deviendrait pas quelqu'un comme ça, il n'aurait pas de place, il ne ferait pas sa place. Elle devait changer, partir, inventer, ailleurs et autrement. La campagne, pourquoi pas. Ailleurs, s'arracher[1]. »

S'arracher comme on arrache les mauvaises herbes, s'extraire pour ne pas pousser de travers. S'extirper d'un passé entaché de violence et de stigmates ; ce déracinement géographique du Nord vers le Cantal et cette rupture dans l'histoire personnelle sont les conditions d'une nouvelle vie. Peu importe lequel, il s'agit avant tout de trouver un autre lieu, différent, un lieu vierge où recommencer l'histoire à zéro :

« Annette s'appliquait pour ne pas penser au Nord. Elle aurait voulu oublier les contours mêmes des choses de là-haut et tout arracher d'elle pour mieux recommencer à Fidières. On devait se couler dans une vie neuve et prendre garde, se prémunir contre tout[2]. »

Paradoxalement l'arrachement est nécessaire à un enracinement, dans ce village, dans cette maison, et non

---

1. Marie-Hélène Lafon, *L'Annonce*, Buchet-Chastel, 2009, p. 77.
2. *Ibid.*, p. 83.

sans effort. Annette s'arrache avec détermination, et se greffe à cette famille à force d'obstination, de patience et de ténacité. Avaler les couleuvres, s'imposer lentement, silencieusement. Entrer non par effraction mais par conquête discrète du territoire. Annette trouve un travail, fait ses preuves, l'enfant prend ses marques dans cet environnement nouveau, délivré de la mauvaise réputation de son père, incarcéré « là-haut ». La mère et le fils, les « recueillis », font désormais « partie du paysage », cessent d'être ces étrangers qu'on regarde avec suspicion ou condescendance[1]. Il faut parfois s'arracher et s'enraciner ailleurs pour que notre vie ne soit pas vaine. Tel est peut-être le sens de tant d'efforts pour échapper à l'existence prévisible de tout être vivant, comme le dit Pavese :

« On essaie de prendre racine, de se faire une terre et un pays : pour que notre chair vaille quelque chose de plus et dure plus qu'une banale suite de saisons[2]. »

---

1. *Ibid.*, p. 87 : « La femme et l'enfant, les recueillis, faisaient partie du paysage, avaient creusé le sol sous eux, pris corps et racine. »

2. Cité par Michel Gribinski dans *Qu'est-ce qu'une place ?*, Éditions de l'Olivier, penser/rêver, 2013, p. 27.

Les vies rétrécies

Dans le film de Jack Arnold, *The Incredible Shrinking Man* (1957), le héros, Scott Carey, contaminé par un étrange brouillard radioactif lors d'une promenade en bateau, se met à rapetisser, passant progressivement de la taille d'un adulte à celle d'un adolescent, d'un enfant, d'une poupée, et ce jusqu'à devenir minuscule (épique combat avec une araignée plus grosse que lui) et à disparaître dans l'infiniment petit. Au fil de ces rétrécissements, le héros (un Américain blanc de la middle-class) perd de sa superbe ; il flotte dans ses costumes, oripeaux de son ancien statut, perd son alliance désormais trop grande. Dégringolant l'escalier social, il est confronté au paternalisme, à la bienveillance condescendante, au rejet, au sadisme et à l'oubli au fur et à mesure qu'il rétrécit. Il trouvera momentanément un peu de réconfort auprès d'une vedette de cirque, jeune artiste de petite taille, et en compagnie de ceux qui, à cause de leur apparence, sont marginalisés, mis au ban de la société.

Que signifie être réduit à une place inadéquate, à des espaces réels ou symboliques situés dans les marges ? Qui sont ceux et celles à qui l'on demande de savoir se faire discret, de rétrécir ? Ceux dont la place est leur cage.

Leur vie se fait sur un mode mineur, elle est « rétrécie » ou « empêchée ». Être empêché, c'est, à l'origine, avoir le pied pris dans un piège (*in pedica*, qui donne le verbe *impedicare*). On a parfois ce sentiment d'être pris dans notre quotidien comme dans un piège dont on ne peut s'extraire sans s'amputer d'une partie de soi, sans déchirure ni perte. C'est tout au moins le sentiment d'être retenu, par le bas, en arrière, d'être ralenti par une pesanteur, par une charge comme un boulet au pied. Ce qui nous empêche, c'est ce qui contrarie nos actions, nos désirs, ce qui constitue un obstacle, une résistance, une opposition. C'est aussi un contre-temps ; être empêché, c'est ne pas pouvoir coïncider avec l'événement, ne pas saisir l'occasion, laisser passer le moment opportun. Rater le coche.

Qu'est-ce qui nous retient ? Sans doute un ensemble confus de sentiments mêlés. La peur de rater, de décevoir, de trahir. Une certaine idée de la loyauté, de ce qui est légitime. Nous ne sommes pas seulement empêchés par les appréhensions, les attentes et les croyances – les nôtres ou celles des autres. Nous sommes aussi, très concrètement, matériellement, entravés par notre corps, par notre genre, par notre apparence et par les jugements que la société, le milieu, l'époque projettent sur ces corps. Parfois, un simple regard, la désapprobation ou le mépris qu'on y devine, érigent imperceptiblement des frontières infranchissables.

Ce sentiment d'empêchement est peut-être le point commun entre une femme française des années 1980, un enfant pauvre de la banlieue de Leeds dans les années 1920 ou un jeune Noir en Europe au milieu du

XXe siècle. Il naît de l'expérience de ces limites imposées de l'extérieur et de l'intériorisation profonde de celles-ci. Cette assimilation passive et silencieuse muselle nos espoirs, nos ambitions, fait obstacle à nos déplacements d'un espace social à un autre. Les représentations nous freinent tout autant que le réel lui-même et l'on obéit à des injonctions latentes, à des assignations, sans nécessairement s'en rendre compte. On se retrouve coincé dans une case du jeu social, enfermé dans une identité comme dans une boîte, étiqueté au rabais.

La vie empêchée bute sans cesse contre des barrières : des lieux, des actions, des occupations, des loisirs lui sont interdits. Le sujet se cogne sur les parois d'un réel circulaire. Celui de sa communauté, de son quartier, de sa famille. La vie sociale se réduit à des espaces spécifiques, à des individus identifiés. On ne transgresse pas les frontières invisibles. Richard Hoggart retrace cette expérience dans le récit de son enfance dans un quartier ouvrier de Leeds durant les années 1920. Il compare sa famille « bien close » à un nid où piaillent des oisillons affamés. Cette vie repliée sur elle-même, sans extérieur, sans relation avec les autres, obéit à la logique de la misère. La préoccupation matérielle – survivre – devient principe d'enfermement inconsciemment consenti. Les défenses protègent autant qu'elles emprisonnent :

« Nous étions tellement obligés de nous replier sur l'intérieur que nous étions absolument extérieurs à tout, et dans la mesure où nous ne connaissions pas d'autres manières d'être, nous ne cherchions pas à nous intégrer [...]. Puisque nous étions toujours ceux qui ne participaient pas, ceux qui n'étaient pas invités, nous construisions nos propres défenses[1]. »

Cette clôture sur soi, cette extériorité au monde est l'envers de l'exclusion[2]. Ce monde est en apparence si inaccessible que Hoggart et ses frères se persuadent qu'il ne leur plairait pas. Les barricades se construisent de l'intérieur. Mais l'histoire de Hoggart est celle d'une trajectoire. En exergue de son autobiographie, l'auteur cite T. S. Eliot : « *Home is where it starts from.* » Le « chez-soi » n'est que le point de départ, pas le point d'arrivée. Et c'est peut-être précisément ce qui permet le courage de toute traversée : avoir d'abord connu quelque chose comme un « chez-soi », où malgré les difficultés, on a pris soin de nous[3]. Toutefois, la confrontation avec l'extériorité est rude, il est difficile de s'y faire une place, parfois même simplement d'y apparaître. Si le nid est un cocon, sortir « de la famille bien close » expose à la violence du rejet. Hoggart, enfant pauvre, n'est pas le bienvenu. Autour de lui des voix teintées de mépris l'identifient à « un problème », à un intrus :

« Les enfants qui sont dans notre position apprennent vite à interpréter les tons de voix des adultes ; pas seulement les tons hostiles, mais, ce qui a bien plus d'importance,

1. Richard Hoggart, *33 Newport Street, Autobiographie d'un intellectuel issu des classes populaires anglaises*, Seuil, Points Essais, 2013, p. 89.

2. *Ibid.*, p. 88 : « nous n'avions pratiquement pas de curiosité en dehors de nous-mêmes, pour d'autres vies, d'autres intérêts, d'autres inquiétudes. »

3. *Ibid.*

les tons indifférents des gens qui parlent de vous comme de quelqu'un d'extérieur et d'étranger – et d'une espèce inférieure d'étranger[1]. »

Chacun a déjà vécu ce moment où il devient cette personne invisible, dont on parle à la troisième personne, comme si elle n'était pas là, comme si sa présence ne méritait pas considération[2]. Suis-je *celui* à qui l'on parle ou *ce* dont on parle ?

« J'ai parlé plus haut du froid qui vous glace lorsque, enfant, vous entendez des adultes parler de vous comme si vous n'étiez pas là et d'une manière qui ne révèle aucune forme de chaleur[3]. »

L'intonation neutre, indifférente ou affectueuse m'interdit ou me confère une place, reconnaît ou nie mon existence en tant que sujet. Certaines paroles trahissent le mépris, d'autres nous offrent une place, comme celles de la grand-mère de Hoggart : « j'entendis la voix de l'affection inconditionnelle et je sentis que j'étais à nouveau arrivé au port[4]. » La tendresse de la voix m'accueille et confirme ma légitimité dans ce monde, sa froideur m'en prive.

C'est aussi la voix du parent, la voix blanche de la peur qui fait saisir intuitivement à l'enfant les limites assignées.

1. *Ibid.*, p. 89.
2. *Ibid.*, p. 90 : « Les pires sont ceux qui parlent de vous à la troisième personne en s'adressant à d'autres en votre présence : "Ne croyez-vous pas qu'ils seraient mieux dans une institution ?" »
3. *Ibid.*, p. 172.
4. *Ibid.*, p. 90.

Dans son autobiographie *La prochaine fois le feu*, publiée en 1963 aux États-Unis, James Baldwin analyse cette intériorisation des limites :

« Cela s'insinue dans la conscience de l'enfant à travers le ton de la voix de ses parents [...] dans la note soudaine et incontrôlable de peur qui s'entend dans la voix de son père ou de sa mère lorsqu'il s'est égaré au-delà d'une limite quelconque. Il ne sait pas ce qu'est la limite et il n'en a pas d'explication, ce qui est déjà effrayant, mais la peur qu'il entend dans la voix de ses parents est encore plus effrayante[1]. »

On sait la puissance de l'émotion tacite, la force du non-dit habité par la peur. Dans l'Amérique des années 1930, il n'y a pas de place pour un enfant pauvre de Harlem. Cet univers, dit James Baldwin, « ne vous a réservé aucune place[2] ». On retrouve cette même idée dans *I Am Not Your Negro* (2016), le documentaire du réalisateur haïtien Raoul Peck, construit autour d'un inédit de James Baldwin, intitulé *Remember This House* :

« C'est un très grand choc pour vous de découvrir que le pays où vous êtes né, auquel vous devez la vie et votre identité, n'a pas créé, dans tout son système de fonctionnement réel, la moindre place pour vous[3]. »

Aucune place, si ce n'est celle, négative, de l'identité stigmate, construite par opposition à celle du Blanc. Le

1. James Baldwin, *La prochaine fois le feu*, Gallimard, Folio, 2018, p. 47.

2. *Ibid.*, p. 52.

3. Raoul Peck, James Baldwin, *I am not your negro*, 10/18, 2018, Débat à l'Université de Cambridge, 1955.

Noir est prié de rester à sa place. Sortir du silence et de l'invisibilité, questionner cette place, ébranler cette représentation destructrice pour le Noir, c'est faire s'effondrer la constellation des stéréotypes et par conséquent la valorisation *a contrario* du Blanc. C'est faire vaciller le système essentialisant, manichéen et raciste. Sortir de l'immobilité, de la sidération dans laquelle les préjugés xénophobes enferment les Noirs dès l'enfance, prétendre se dé-fixer, c'est faire trembler les fondations de la société américaine :

« Dans le monde des Blancs, le Noir a rempli la fonction d'une étoile fixe, d'un pilier immobile. Il abandonne sa place et le ciel et la terre en tremblent jusque dans leurs fondations[1]. »

L'analyse de Baldwin n'est pas sans résonner avec l'œuvre du psychiatre martiniquais Frantz Fanon. Dans son ouvrage *Peau noire, masques blancs,* paru en 1952, ce dernier décrit le paradoxe de l'homme noir : occuper de la place sans en avoir une. L'homme noir, dit-il, fait le vide autour de lui. Dans le train, on lui laisse non pas une place, mais trois. Ce n'est pas une place, c'est du vide. Ce que l'on crée autour de lui, ce n'est pas un espace, c'est de la distance. Et cette distance n'est pas la condition d'une interaction, elle est une barrière invisible mais sensible, celle qui rend le Blanc inaccessible et le Noir intouchable.

« Dans le train, au lieu d'une, on me laissait deux, trois places. [...] J'existais en triple : j'occupais de la

1. James Baldwin, *La prochaine fois le feu*, *op. cit.*, p. 31.

place. J'allais à l'autre… et l'autre évanescent, hostile mais non opaque, transparent, absent, disparaissait. La nausée[1]. »

Il n'y a pas de monde commun, il n'y a pas d'espace de reconnaissance réciproque, et donc pas d'affirmation de soi possible. Il n'y a qu'une objectivation, une réification du Noir par le regard du Blanc[2]. Le Noir est « fixé » dit Fanon, comme l'insecte est traversé par l'épingle de l'entomologiste[3]. À proprement parler, il n'existe pas comme sujet. Il ne s'agit même pas de lui accorder une place de second rang, affirme Fanon, il s'agit de le nier. Le sentiment ressenti n'est pas celui d'une infériorité mais d'une inexistence[4]. Il est prié de s'effacer, de disparaître. Le monde ne veut pas de lui. On lui demande de « rétrécir » :

« Je hélais le monde et le monde m'amputait de mon enthousiasme. On me demandait de me confiner, de rétrécir[5]. »

Puisque ma présence dans le monde est perçue comme une provocation, une insolence, je dois me faire le plus discret possible. Non plus surgir, dit Fanon, mais

---

1. Frantz Fanon, *Peau noire, masques blancs*, La Découverte, 2011, p. 154.

2. *Ibid.*, p. 158 : « Ce jour-là, désorienté, incapable d'être dehors avec l'autre, le Blanc, qui, impitoyable, m'emprisonnait, je me portai loin de mon être-là, très loin, me constituant objet. »

3. *Ibid.* : « Déjà les regards blancs, les seuls vrais, me dissèquent. Je suis *fixé*. »

4. *Ibid.*, p. 175 : « Sentiment d'infériorité ? Non, sentiment d'inexistence. »

5. *Ibid.*, p. 157.

« m'acheminer par reptation[1] ». Ramper, pour ne pas se faire remarquer, rester au plus près du sol, retrouvant le sens étymologique de l'humiliation : être rabaissé plus bas que terre. Se faire le plus discret possible, apprendre à ne pas attirer l'attention sur soi, être irréprochable.

Ces injonctions à l'effacement n'ont pas disparu, elles ne cessent d'être intériorisées par tous ceux et toutes celles qui se sentent menacés parce qu'ils sont noirs, maghrébins, homosexuels, parce qu'ils sont handicapés, malades, parce qu'elles sont des femmes. On se souvient des conseils des mères afro-américaines à leurs fils (ne te mets pas à courir brusquement, ne mets pas ta capuche, ne mets pas tes mains dans les poches – on pourrait penser que tu es armé), des habitudes des femmes pour parer au harcèlement ou aux agressions sexuelles (ne pas rentrer seule dans certains quartiers, ne pas monter dans une rame vide, suivre un couple dans la rue…). Si les violences qui pèsent sur chacun de ces groupes sociaux sont différentes, dans chacune de ces configurations, il y a toujours, à l'arrière-plan de la conscience, l'anticipation de la menace et le sentiment que notre vie est plus fragile, plus incertaine. Comme si ces vies comptaient moins.

Peut-on si naïvement mettre sur le même plan l'inquiétude des Noirs aux États-Unis et de femmes blanches en Europe, sans tenir compte des situations, des lieux, des époques ? Sans doute pas. Mais on peut identifier

1. *Ibid.*, p. 158 : « J'arrive lentement dans le monde, habitué à ne plus prétendre au surgissement. Je m'achemine par reptation. »

un sentiment, un vécu commun, un état intériorisé, partagé par tous ceux que leur genre, leur apparence ou leur appartenance ethnique ou religieuse transforment en cible potentielle de violences physiques ou psychologiques. Ce sentiment d'une menace les tient dans la vigilance ou la méfiance, les épuise à force d'angoisse. Leur mode d'être est un qui-vive, plus ou moins intense ; les déplacements sont des calculs prudents. Ils ne peuvent baisser la garde sans se mettre en danger.

L'espace public, les lieux communs ou partagés ne sont pas neutres, mais découpés en autant d'emplacements invisibles qu'on apprend très tôt à identifier, dès la cour de récréation. Les enfants prennent vite conscience de ce quadrillage des espaces : certains sont occupés par les jeux des garçons, d'autres laissés aux filles, dans une logique de mise à distance. Les filles qui s'aventurent dangereusement hors des délimitations symboliques portent le « stigmate de la mauvaise réputation ». Ainsi, dans l'enquête édifiante de Muriel Monnard, la jeune Layla est « sommée de relâcher un peu de territoire associé au masculin et au pouvoir masculin[1] ». La lutte des places pour reprendre l'expression du géographe Michel Lussault, est une lutte des classes[2], mais aussi sans doute une lutte des races et des genres. Chaque déplacement est une « épreuve spatiale ».

1. Muriel Monnard, « Occuper et prendre place : une lecture des rapports de pouvoir dans la cour de récréation », *Espaces et sociétés*, n° 3, 2016, p. 127-145.

2. Michel Lussault, *De la lutte des classes à la lutte des places*, Grasset, 2019.

L'épreuve spatiale

Cette épreuve se rejoue chaque jour pour ceux dont la mobilité est restreinte par les délimitations des espaces publics, que nous rendons pour eux impraticables. La société est alors responsable d'une difficulté à trouver sa place dans un espace public, où rien n'est adapté à nos dimensions. Dans son ouvrage *Transformer le handicap*, la philosophe Anne-Lyse Chabert compare sa situation à celle d'Alice confrontée à des marches beaucoup trop grandes[1]. Quand rien n'est à notre taille, quand tout est trop haut, trop étroit, trop dangereux ou inaccessible, comment se défaire du sentiment qu'on n'est pas les bienvenus ? On peut soutenir, comme Bertrand Quentin, que les personnes en situation de handicap sont « invalidées » par des choix de société[2]. Une rampe d'accès, une plate-forme mobile dans une entreprise ou dans les transports en commun ne font pas disparaître la déficience mais diminuent le handicap. La personne qui peut les utiliser se sent moins « en situation de handicap ». Il y a donc,

1. Anne-Lyse Chabert, *Transformer le handicap. Au fil des expériences de vie*, Érès, 2017.

2. Bertrand Quentin, *Les invalidés, nouvelles réflexions philosophiques sur le handicap*, Érès, 2019, p. 19.

selon le philosophe, une responsabilité de la société et des entreprises. Mais ces aménagements matériels vont de pair avec un changement de représentation. Quentin souligne la force du stigmate : « ce qui empêche le plus radicalement une personne de participer à part entière à la vie sociale, ce ne sont pas ses handicaps physiques, c'est le tissu de mythes, de représentations dont la société l'investit[1]. » C'est la société qui produit l'invalidité, dans ses représentations et par les espaces excluants qu'elle crée. Or ces représentations s'effacent dès lors que nous partageons les mêmes espaces, lorsque nous sommes, dès l'école, dans la même classe, la même cour de récréation. Côtoyer des enfants atteints de handicap dès le plus jeune âge désamorce les stéréotypes, en même temps que les appréhensions. C'est ainsi qu'on peut travailler à une société inclusive, qui s'adapte à chaque individu dans sa singularité, c'est-à-dire une organisation sociale plus flexible qui offre à chacun une place. Trop souvent, la personne en situation de handicap reste sur le seuil de la société, elle n'est ni complètement à l'extérieur, ni complètement à l'intérieur, constate Quentin, reprenant le concept de « liminalité » (*limen* signifiant « seuil » en latin). Si nous ne pouvons pas diminuer la déficience, poursuit-il, nous pouvons réduire le handicap en faisant une place à l'autre : en repensant l'accessibilité sur le plan technique, en insistant aussi sur la dimension relationnelle, comme le souligne Anne-Lyse Chabert. L'accessibilité, dit-elle, est aussi relationnelle. On se cache parfois

1. *Ibid.*, p. 39.

derrière la défaillance technique là où un peu d'aide pourrait résoudre la difficulté d'accès : « L'accès n'est pas une affaire de porte large ou de plan incliné, c'est une affaire humaine d'accueil et d'équipe[1]. » Faire une place, c'est aussi quelques ajustements simples, comme par exemple inclure une personne sourde dans les conversations en la regardant quand on parle. C'est aussi laisser parler la personne atteinte de handicap, ne pas parler à sa place, l'intégrer dans les décisions, s'appuyer sur son vécu. Son savoir expérientiel est le plus à même d'identifier les ressources à mobiliser, rappelle Quentin. On peut espérer qu'ainsi les mentalités s'élargissent un peu.

1. Anne-Lyse Chabert, « Accessibilité dans les lieux publics, enjeu de dignité pour tous », *Développement Humain, Handicap et Changement Social / Human Development, Disability, and Social Change*, vol. 26, 2020, p. 63-69.

Reines sans royaume

« Je continuerai à être aventureuse, à changer, à suivre mon esprit et mes yeux, refusant d'être étiquetée, et stéréotypée. L'affaire est de se libérer soi-même : trouver ses vraies dimensions, ne pas se laisser gêner. »

Virginia Woolf, *Journal d'un écrivain.*

Comment trouver « ses vraies dimensions » quand on est au contraire sans cesse rappelé à un devoir de « discrétion » ? L'injonction à rétrécir s'est longtemps imposée aux femmes et continue à l'être, dans de nombreux pays, dans d'innombrables situations[1]. Elles sont parfois sommées de disparaître, on les dissimule, on les recouvre de tissus ou de peinture, on arrache ou on badigeonne leurs images. Ne pas prendre trop de place, se faire oublier, savoir être invisibles ou se contenter d'une place de second rang, trop étroite. Les traditions, les religions, les habitudes, le confort et les avantages que cette discrétion offre à une majorité d'hommes,

1. Mona Chollet, *Chez soi. Une odyssée de l'espace domestique*, La Découverte, 2016 p. 139.

pèsent sur l'existence des femmes. Leur corps, comme celui des domestiques, des esclaves ou des enfants, a longtemps été considéré – et continue à l'être – comme un espace sur lequel on peut empiéter, une sorte d'appendice du corps du mari, du maître, du prêtre, du roi. Un corps dont on se sert comme d'un instrument pour agir sans effort et sans douleur, ou pour satisfaire ses désirs. Un corps possédé, détenu ou utilisé par celui (ou celle, également) qui socialement ou symboliquement en est le propriétaire ou l'usager.

Le corps féminin est celui sur lequel on déborde. Si les femmes sont « débordées », c'est bien littéralement parce que l'on ne respecte pas leurs limites : plus de bordures, de contours, plus de frontière entre le monde extérieur et leur corps, entre leur peau et celle des enfants ou des hommes. On empiète sur leur chair, on envahit leur intimité. Il devient un territoire que tous s'approprient à leur manière. Leur corps est transformé en un espace que l'on escalade, que l'on piétine, un terrain d'expérimentation.

C'est sans doute la mère qui abandonne le plus généreusement son corps.

« Dans la maternité la femme laisse son corps à son enfant, à ses enfants, ils sont sur elle comme une colline, comme dans un jardin, ils la mangent, ils tapent dessus, ils dorment dessus et elle se laisse dévorer et elle dort parfois tandis qu'ils sont sur son corps. [...] Elle perd son royaume[1]. »

---

1. Marguerite Duras, *La Vie matérielle*, Gallimard, Folio, 1994, p. 69.

Reine sans royaume, terre colonisée, elle connaît le plaisir et l'épuisement d'être, pour eux, terrain de jeu, cocon ou coussin. Impatient, en colère ou joyeux, l'enfant me bouscule, me tire par la main, se jette sur moi. Je dois être moelleuse, douce, solide ou stable, je suis une matière plastique et malléable qui change de forme, de texture, de densité en fonction des besoins de l'enfant. Ma forme, mon corps n'existent plus, ils ne sont plus que ce que l'enfant en fait, selon ses besoins, ses envies, ses caprices. Ce débordement, dit Marguerite Duras, est dévoration et dépossession. Le corps des femmes doit non seulement être disponible pour les désirs des autres, il se doit aussi d'être toujours désirable.

« Elles sont débordées par la demande des enfants, leur corps, leur beauté, les soins qu'il faut leur prodiguer, l'amour à chacun entier qu'ils exigent, faute de quoi, ils meurent[1]. »

Ainsi même le soin que les femmes accordent à leur apparence est l'effet d'un débordement, il est investi d'attente qui pesent sur elles. Le soin de soi est un faux-semblant, il répond au moins autant à des injonctions extérieures qu'à un vrai rapport à soi. Ce n'est pas tant un soin *pour soi*, qu'un soin de soi *pour autrui*. Ce souci du corps est la condition pour continuer à exister socialement. Même le fait de prendre soin de soi relève d'une exigence sociale implicite. Ce n'est pas un soin de la douceur et du plaisir pris dans la relation sensible à soi, il est traversé de la tension que crée cette attente intériorisée.

---

1. *Ibid.*, p. 154.

Si les femmes se laissent ainsi envahir, abandonnant la jouissance de leur propre corps à d'autres, elles sont aussi accaparées psychiquement, elles sont sans cesse « préoccupées ». Cette occupation intérieure dépasse le concept de la « charge mentale ». Les femmes sont en charge d'une continuité presque ontologique[1]. Elles colmatent les brèches du réel. Le pédopsychiatre Donald Winnicott a théorisé la « folie passagère » que constitue « la préoccupation maternelle[2] ». La mère doit s'assurer qu'il n'y ait pas de discontinuité entre les désirs, les besoins de l'enfant et la réalité. Elle doit faire coïncider le réel avec ces attentes. Cet état psychique très spécifique est une « maladie normale » qui disparaît au fur et à mesure que l'enfant grandit, affirme Winnicott. On pourrait soutenir que la mère reste prise dans cette exigence de continuité. Ne pas laisser le manque, les lacunes apparaître. Remplir les frigos, les placards, ajuster les vêtements à la taille des enfants… Tisser la continuité de nos vies, faire en sorte que jamais ne se vident les tonneaux des Danaïdes, métaphore des besoins des enfants, des désirs des hommes, de l'entretien du quotidien. Emplir pour cacher le vide, les fissures. Meubler les silences, compenser les absences. Son temps fragmenté est dédié à faire oublier les hiatus,

1. Il ne s'agit pas d'une tâche dont les femmes seraient, dans une lecture essentialisante, seules capables. Les hommes pourraient tout autant s'en charger. Un certain nombre d'entre eux le font au quotidien. Mais statistiquement, ils restent minoritaires, comme l'a confirmé l'expérience du confinement, avec la triple et impossible exigence d'une continuité du travail à distance, de l'école à la maison et de la mécanique domestique.

2. Donald W. Winnicott, *Le bébé et sa mère*, Payot, 2017.

dissimuler les suspensions, les coupures, la discontinuité des existences des autres : « Elle doit inventer son emploi du temps conformément à celui des autres gens, des gens de sa famille et de ceux des institutions extérieures[1]. » Elle « fait de la discontinuité de son temps une continuité silencieuse et apparente[2] ». Mais son temps à elle est d'autant plus fragmenté.

Les femmes sont responsables de l'ordre, elles tiennent en rang ce qui nous déborde. Elles font face au trop-plein d'affects, de questions, de sollicitations. Elles gèrent le désordre, « l'envahissement de la maison[3] » tout autant que l'envahissement « intérieur », au prix de leur propre surcharge psychique. Elles rangent le désordre matériel et empêchent le chaos psychique, alignent les idées pour qu'elles deviennent supportables, insèrent de la linéarité dans l'existence éparpillée. Elles prévoient, anticipent, projettent pour faire tenir le réel d'un bloc. Simplifier les pensées des autres, leur éclaircir la voie, pour qu'elles ne soient pas polluées, perturbées par certaines considérations prosaïques. C'est à elles de savoir « ce qu'il y a dans les armoires, s'il y a tout ce qu'il faut, à tout moment, pour durer, vivre, survivre ». Ce sont elles qui s'assurent de l'« autarcie du bateau, du voyage de la vie[4] ». Le souci féminin est celui de la durée : aligner des logiques de l'éphémère sur une même partition, sans trop de désaccords, tenir le fil du quotidien, tenir.

1. Marguerite Duras, *op. cit.*, p. 57.
2. *Ibid.*, p. 68.
3. *Ibid.*, p. 56.
4. *Ibid.*, p. 61.

Elles assurent la plénitude au prix de leur épuisement, assurent la continuité du réel au prix d'un morcellement intérieur. Créatrices de la durée, elles s'enferment dans l'instant, le toujours recommencé. Sans cesse délogées d'elles-mêmes, il leur est impossible d'expérimenter une véritable présence à soi. Comment retrouver alors ses « vraies dimensions » et sa propre temporalité ?

Trouver sa voix

À quel moment ai-je perdu ma voix ? Elle semble s'être progressivement assourdie au fil des années. Les rires, les éclats de voix, les expressions bruyantes et spontanées ont disparu de mon répertoire sonore. Me suis-je assagie ou résignée ? Lassée qu'on me coupe la parole, qu'on me « cloue le bec », qu'on parle à ma place, qu'on m'explique le sens de la vie. Quelle main invisible s'est posée sur ma bouche ? La mienne. Ma voix, sans même être interrompue ou recouverte par une autre, s'est faite de plus en plus silencieuse. *Decrescendo.* Elle s'est modulée pour n'être que celle qu'on lui permet d'être, pour s'accorder aux autres, ce qui suppose souvent de rester en sourdine. J'ai renoncé à donner mon avis, à prendre la parole, à parler plus fort que les autres pour me faire entendre. J'ai changé de ton, comme on m'a souvent conseillé de le faire. Si nous étouffons nos voix, si nous les assourdissons, c'est dans l'espoir de faire partie de la grande chorale sociale[1].

1. Comme l'illustrent les témoignages de Tanya et d'Iris, dans Carol Gilligan, *Une voix différente. Un regard prospectif à partir du passé, Open Édition,* § 24 : « Tanya, quinze ans : "La voix qui représente ce en quoi je crois est enterrée tout au fond de moi." Et Iris, seize ans : "Si je disais ce que je ressens et ce que je pense,

C'est l'idée que défend la philosophe américaine Carol Gilligan dans l'ouvrage *Une voix différente* où elle analyse le processus d'auto-censure des jeunes filles. Celles-ci s'interdisent d'exprimer réellement ce qu'elles ressentent ou de faire entendre leur « voix perspicace » systématiquement dévaluée[1]. Parce que leur opinion est trop « bruyante », elles assourdissent leur voix, la remplacent par une voix atone, une voix blanche qui n'exprime plus rien de leur singularité. Il ne leur reste plus qu'une voix neutre, qu'elles semblent avoir déserté et qui sonne faux. De la même manière qu'un psychanalyste est attentif aux silences et aux modifications de rythme dans la parole du patient, Carol Gilligan s'attache aux « changements de voix, aux dissonances et aux ruptures dans le discours », symptômes d'une tension entre une aspiration à des idéaux démocratiques et des habitudes de pouvoir patriarcal[2]. Le timbre vocal s'altère au fil d'épreuves sociales « initiatiques », il s'ajuste à une tessiture particulière qui résonne d'une certaine manière

personne ne voudrait être avec moi, ma voix serait trop forte. […] Mais il faut bien qu'on ait des relations." »

1. *Ibid.*, § 22 : « C'est ce qui a rendu la voix d'Amy, 11 ans, si attirante pour de nombreuses lectrices d'*Une voix différente* : une voix qui fait sens et qui pourtant n'était ni entendue ni appréciée. Une voix perspicace, que de nombreuses femmes ont appris à repousser comme naïve ou fausse ou stupide ou folle, parce que c'est ainsi qu'elle était souvent entendue. »

2. *Ibid.*, § 1 : « Les changements de voix, les dissonances et les sauts, les ruptures dans le discours qui avaient attiré mon attention au départ, sont liés au maintien de tensions et de contradictions entre nos idéaux et nos visions démocratiques et la perpétuation du pouvoir et des privilèges patriarcaux. »

et produit en retour une réponse spécifique[1]. Altérer sa voix pour l'insérer dans un dialogue déjà écrit, l'habituer à une mélodie qui n'est pas la sienne, n'est pas sans conséquences psychiques profondes. La voix où sont si étroitement entremêlés émotions et sentiment de soi ne se laisse pas transformer sans une sérieuse altération de la relation du sujet à lui-même.

Dans *Pourquoi le patriarcat ?*, un ouvrage co-écrit avec Carol Gilligan, la chercheuse Naomi Snider se reconnaît dans les figures des jeunes Iris et Amy, à la voix « trop bruyante[2] ». Se taire serait la condition nécessaire pour espérer trouver une place. L'expérience des jeunes filles, comme de Naomi Snider, est celle d'une amputation volontaire à laquelle on consent pour rentrer dans les cases. La décision d'Iris d'« assourdir sa propre voix[3] » rappelle à Naomi Snider ses efforts de « rétrécissement » : « Je jouais les contorsionnistes et j'étais récompensée socialement de m'être mise de côté, de m'être écartée de moi-même. » Le chapitre s'intitule de manière significative « Premier indice : le rapport avec la perte ». On perd sa voix pour trouver une place, on abandonne un mode d'expression de soi dans l'espoir d'être entendue. Mais c'est en réalité à sa propre identité que l'on renonce. Dans

1. Carol Gilligan, Naomi Snider, *Pourquoi le patriarcat ?*, Flammarion, Climats, 2019.

2. *Ibid.* On retrouve cette idée d'une intériorisation du silence p. 45 : « Si je devais exprimer le fond de ma pensée ou traduire mes émotions, personne ne voudrait être avec moi, car ma voix était trop bruyante. »

3. *Ibid.*, p. 51.

ce même ouvrage, Carol Gilligan revient sur les termes de Carrie, adolescente dépressive, qui exprime sa lassitude : à force de toujours essayer de contenter les autres, elle se dit épuisée – elle s'efface en tant qu'individu, elle devient quelqu'un d'autre et, n'étant pas elle-même, elle n'arrive plus à cerner qui elle était auparavant. Ainsi, dit-elle, « on finit par devenir l'ombre de soi-même, [...] on finit par oublier qui on était avant. On devient une personne différente. Par conséquent, on ne se sent jamais à sa place parce qu'au fond, on ne se reconnaît pas[1]. »

Être à sa place est bien une expérience physique. Je suis à ma place quand ma voix est posée, quand elle est la mienne, et non pas une voix étouffée par la censure ou les voix dominantes, ni une voix empruntée à d'autres, ni essoufflée par l'angoisse ou saccadée sous la contrainte. Être à sa place commence peut-être par cette libération d'une voix propre, une voix enfouie dont on découvre ainsi la tessiture[2]. Une voix qui traduise aussi une subjectivité, s'ajoute à « la conversation humaine » en faisant entendre d'autres expériences de vie, d'autres perspectives sur le réel, une voix qui fasse émerger de nouvelles problématiques jusqu'alors rendues silencieuses.

1. *Ibid.*, p. 66.

2. *Ibid.*, p. 56 : « expérience de cette sensation d'avoir ma voix propre, celle qui s'élève du cœur, libre de toute forme d'hésitation ou de l'autocensure qui m'assaillait d'ordinaire. »

Les insolents

Qui sont ceux qui osent partir ? De quoi ont-ils l'air, vus de loin ? Ils peuvent paraître bien insolents, à ne pas rester à leur place, à ne pas savoir s'en contenter. Ils agacent, révèlent les artifices, rebattent les cartes, en allant voir ailleurs, en s'imposant là où l'on ne les attend pas. Cette insolence les mène loin de chez eux, s'invitant sans carton, délogeant les assis, déroutant les habitués. Ils nous rappellent à leur manière que la vie sociale est traversée par des logiques communes à tous les vivants : la surprise, la création, l'inattendu, la déception aussi. Les êtres ne sont figés que parce qu'on les enferme. Ils changent de la même manière que le vivant se métamorphose au fil des saisons ou des âges de la vie. Pourquoi l'existence des hommes serait-elle soumise à la fixité et à la répétition alors que le biologique se transforme sans cesse ? Le privilège de l'homme, créer de la stabilité à force d'habitudes, se referme parfois sur lui comme un piège d'immobilité. Pourquoi devrions-nous rester là où nous sommes nés, nous satisfaire de places dont d'autres ont décidé pour nous ?

L'insolence, c'est alors cette ambition, cette envie et ce désir de se dé-placer, de s'offrir une place tout autre, quitte à créer soi-même celle qui nous convient, nous traduit, nous exprime. Une place à notre mesure, à la taille de notre ambition, notre mérite, nos capacités. Ainsi, on est parfois insolent malgré soi. Étranger aux mœurs, aux codes, on manque de repères et notre attitude paraît grossière ou provocatrice. Si l'on bouscule, c'est aussi par maladresse. Parce qu'on tente de donner plus d'ampleur à nos gestes, à nos décisions. On se cogne. Les insolents font trembler les institutions, secouent les mœurs, dépoussièrent les placards. Ils s'insinuent dans les interstices, écrivent dans la marge, sortent du cadre. Ils échappent aux règles, contournent les délimitations, lèvent les yeux vers le ciel et se moquent des marquages au sol.

Vu de l'intérieur, il ne s'agit pas tant d'orgueil ou d'arrogance, que de malaise ou de honte. Si je prétends à une autre place, c'est parce que j'agonise dans celle qui m'échoit. Je m'y échoue, comme un navire brisé, je suis condamné à ce que je considère comme un échec. C'est bien un sentiment d'inconfort ou d'inauthenticité, de profond malaise qui me pousse à chercher d'autres horizons. C'est ma honte de n'être que ça – un ouvrier, un paysan, un artisan, un domestique ou leur enfant –, c'est le sentiment d'infériorité que me transmettent mes proches, et leur désir aussi de me voir réussir là où ils n'y sont pas parvenus. Ainsi j'ai honte de n'être que ce que je suis, j'ai conscience de mes « limites[1] ». J'ai peur d'être là où

1. Annie Ernaux, *L'écriture comme un couteau*, Gallimard, Folio, 2011, p. 64. La romancière évoquant ses parents parle d'« une peur ancienne, viscérale, une certitude de leur limitation ».

je ne devrais pas. Annie Ernaux évoque dans *La place* cette angoisse d'être « déplacé » et la honte de son père, égaré dans le mauvais compartiment :

« La peur d'être déplacé, d'avoir honte. Un jour, il est monté par erreur en première avec un billet de seconde. Le contrôleur lui a fait payer un supplément. Autre souvenir de honte : chez le notaire, il a dû écrire le premier "lu et approuvé", il ne savait pas comment orthographier, il a choisi "à prouver". Gêne, obsession de cette faute, sur la route du retour. L'ombre de l'indignité[1]. »

Ne pas savoir où se mettre, ni comment s'exprimer, la honte de n'être que soi, dans la conscience de limites qui nous étreignent dès que l'on sort du cadre habituel, c'est ce qui nous enlise dans cette place qu'on estime pourtant mineure[2]. Mais j'ai honte aussi de me contenter d'une existence qui me paraît si étrangère à la personne que j'aimerais devenir ou que je pressens en moi. C'est parce qu'on ne peut se résigner à être ce citoyen de seconde classe, mis à l'amende s'il transgresse la limite, qu'on tente malgré tout la traversée d'une zone à l'autre de l'existence. Si je décide de quitter cet emplacement, c'est bien à cause de tout ce qu'il m'empêche d'être. C'est aussi parfois pour redonner leur dignité à ceux que l'existence piétine, que le mépris social abîme. Par notre réussite, redorer le blason de ceux qui, par leur sacrifice, leur amour ou leur confiance, ont aussi créé en nous ce désir

1. Annie Ernaux, *La place*, Gallimard, Folio, 1983, p. 59.

2. *Ibid.*, p. 60 : « Honte d'ignorer ce qu'on aurait forcément su si nous n'avions pas été ce que nous étions, c'est-à-dire inférieurs. »

de passer la frontière. On tient alors une place intenable puisque l'on confirme par notre succès l'infériorité sociale de ceux à qui on doit notre ascension, en partie. Ceux qui ont parié qu'un jour, on serait « mieux qu'eux[1] ». La trahison, celle qui nous fait quitter notre milieu d'origine est ainsi, paradoxalement, ce dont on hérite indirectement, à travers cette ambition que d'autres formulent pour nous, de mieux réussir qu'eux, et peut-être, de réussir pour eux, à leur place. Telle est la douleur, tel est le déchirement de ceux qui sont pris dans cette double injonction : « être mieux » et rester le même :

« La douleur des enfants qui se séparent culturellement de leurs parents naît de ce que ces derniers veulent que leurs enfants soient plus instruits, donc plus heureux, soient "mieux qu'eux" [...] et en même temps ils voudraient qu'on reste identique à l'enfant qu'ils ont connu, qu'on puisse continuer à rire aux mêmes choses qu'eux, regarder les mêmes émissions télé qu'eux. Qu'on ne les perde pas en cours de route. Il y a une double contrainte, s'instruire et rester pareil. Ma souffrance venait de ce que je ne pouvais pas[2]. »

1. *Ibid.*, p. 74 : « L'espérance que je serais *mieux que lui.* »
2. Annie Ernaux, *L'écriture comme un couteau, op. cit.*, p. 51.

Logique de l'effraction

Par où passer ? Comment se frayer un chemin ? En s'appropriant des endroits où l'on peut être autrement, plus adéquatement sans doute ; en arpentant de nouveaux espaces et en les faisant siens. Ce qui implique parfois aussi d'y pénétrer par effraction. Non pas au sens où il faudrait forcer l'entrée, mais au sens où il faut réussir à quitter le lieu dans lequel nous sommes pris, ensablés, enfermés. Quitter est sans doute aussi difficile qu'oser entrer.

Changer de place nécessite souvent de changer d'endroit. La polysémie du mot « place » n'est pas anecdotique. Pour changer de place, je traverse d'autres lieux et les laisse me traverser en retour et me transformer. Le lieu, comme support matériel, médiatise l'accès à d'autres places. Le métier d'acteur ou d'avocat existera plus facilement pour moi, mentalement, comme une place possible, si je fréquente les théâtres ou si un ami de mes parents exerce l'un de ces métiers. Plus une place est désincarnée, imaginaire, moins je peux espérer l'occuper, l'habiter. Certes, elle peut exercer une véritable puissance d'attrait, tel un fantasme. Mais appréhender la réalité d'une place sociale, en apercevoir les contours, en effleurer les habits, l'inscrit plus concrètement dans mon champ des possibles.

Ce nouvel espace se trouve parfois, un peu par hasard, sur mon chemin. Si les lieux sont bien pensés, il a été mis sur ma route, de telle manière que je ne puisse pas l'éviter. Une école, une bibliothèque, une maison de quartier, et des vocations naissent, des talents émergent, des possibilités se dessinent. La gratuité, l'accessibilité, les horaires d'ouverture : à quoi tiennent parfois des bifurcations, des parcours inespérés, des lignes de réussite ? Produire cet inattendu, le provoquer en pensant comme centrale la place, géographique et symbolique, que l'on donne à ces institutions pédagogiques et culturelles devrait constituer un souci politique constant. D'où l'importance de la configuration d'une ville, la nécessité de penser les trajectoires des habitants pour qu'elles traversent facilement ces lieux qui sont des sas, des lieux de passage vers d'autres vies possibles, où d'autres places s'esquissent déjà mentalement. Dans cet endroit qui ne m'est pas familier, mais où j'atterris parce qu'il fait froid dehors, parce que je m'ennuie, ou parce que des amis m'y entraînent, j'acquiers de nouvelles habitudes, j'adopte d'autres postures, je prends goût à d'autres manières d'être. À la bibliothèque, je suis silencieux ; au club de théâtre, je peux être exubérant ; au stade, je déploie toute l'énergie qui d'habitude tourne en rond dans des pièces exiguës.

Mais cette translation d'un point à un autre est aussi une effraction. Il ne s'agit pas seulement de partir, mais de briser quelque chose qui nous encercle, il ne s'agit pas de fuir ou de s'évader, mais d'ouvrir vers l'extérieur, de créer une brèche, de faire passer la lumière. L'effraction, c'est littéralement, le fait de briser *(fringere)* pour aller vers l'extérieur, le dehors, l'autre ; pour permettre un élan vers l'ailleurs mais aussi laisser l'ailleurs ou l'autre entrer. Ouvrir le cercle, faire sauter les barrières. Quelle est la nécessité de l'effraction dans nos existences ? Pourquoi, pour certains, faut-il briser ce qui nous enclôt pour vraiment exister hors d'un espace où l'on se sent parqués, marginalisés, mis à l'écart ? Quels sont ces espaces réels, qu'ils soient trop denses ou qu'il s'agisse de zones désertées, où l'individu se sent si limité dans ses possibilités ? Si l'on pense immédiatement aux cités des grandes villes, aujourd'hui encore l'isolement géographique, l'enclavement culturel et les choix d'études limités façonnent en les restreignant les destins des jeunes ruraux[1].

Comment l'effraction ou le fait de conquérir, de pénétrer de nouveaux espaces, vécus comme la transgression d'une règle tacite, d'un déterminisme social latent, d'un interdit absurde mais intériorisé en auto-censure (« ce n'est pas pour nous ») deviennent-ils le point de départ d'une nouvelle ligne d'existence ?

Que faut-il briser pour exister ? Essentiellement des représentations, qui s'ajoutant à certains espaces cadenassés, fonctionnent comme des clôtures. Même si le terme d'effraction suggère une forme de brutalité, il peut

1. Les mobilités limitées des trajectoires de jeunes ruraux semblent avoir été encore réduites par la crise sanitaire. Cf. Benoît Coquard, *Ceux qui restent*, La Découverte, 2019, et Salomé Berlioux, *Nos campagnes suspendues*, L'Observatoire, 2020.

y avoir une approche prudente et progressive de ces nouveaux territoires, le glissement d'un territoire à l'autre, qui est aussi changement de perspective, une « déterritorialisation » selon le néologisme de Gilles Deleuze. On peut avancer à pas feutrés vers l'espace convoité, se laisser prendre, ruser avec soi pour y arriver sans en avoir pleinement conscience. L'artiste contemporain Kader Attia raconte comment, adolescent, il est entré dans une bibliothèque pour s'y réchauffer, après avoir travaillé comme vendeur sur le marché adjacent. Il a pris l'habitude d'y feuilleter les livres et après les avoir lus sur place pendant un ou deux ans, il a fini par les emprunter :

« Au bout du marché, il y avait la porte de cette bibliothèque. Un jour, je suis rentré parce qu'il faisait froid, j'ai pris un livre et c'est devenu une habitude. [...] Un jour j'ai eu besoin de les emporter et j'ai finalement payé ma cotisation, pris ma carte, plein de bouquins et je suis allé chez moi. C'est ça aussi l'effraction[1]. »

Les lieux qui déplacent sont également imaginaires, fictifs, symboliques. C'est autant la bibliothèque que les espaces déployés par les livres qui, une fois ouverts, font surgir d'autres mondes. S'opère ainsi par ce trajet spatial une ouverture symbolique, on passe d'un lieu où l'on gagne sa vie à celui où l'on invente une autre existence possible. Définissant le travail de l'artiste par cet acte

1. « Kader Attia : l'anthropologie de l'effraction », entretien avec Bernard Raison paru sur le site de la *Revue des Deux Mondes*, mai 2018.

d'effraction, Attia évoque, dans la présentation de son exposition au titre révélateur *Les racines poussent aussi dans le béton*, cette nécessité de créer une faille dans les forteresses qui nous emprisonnent. « L'anthropologie de l'effraction, dit-il, consiste à mettre au centre la nécessité éprouvée par l'homme d'agir par effraction pour exister[1]. »

1. *Ibid.*

Trouble dans la place

Il se pourrait pourtant que tout faire pour trouver une place nous amène à la manquer. Ou plus exactement, nous conduise à naviguer dans l'entre-deux, comme si l'on restait marqué par cette expérience du passage, de la traversée des mondes. Peut-être n'arrive-t-on jamais tout à fait quelque part, quand on a tant traversé pour y parvenir. Comme si l'épreuve du trajet s'était substituée au lieu, comme si la dynamique et l'effort du mouvement s'étaient imprégnés en nous plus définitivement telle une inquiétude caractéristique de notre personnalité, comme si cette oscillation entre le point de départ et d'arrivée était devenue une sorte de mouvement intérieur, une intranquillité impossible à calmer.

On resterait alors toujours entre ces deux lieux, entre ces deux faces de notre identité, entre deux langues, deux pays, deux milieux. On n'est pas celui qu'on était en quittant notre famille, mais on ne sera jamais tout à fait semblable à ceux que l'on a rejoints par les hasards des circonstances, de l'exil, de la guerre ou par la force de la volonté. Annie Ernaux dit bien ce déchirement du transfuge de classe qui continue à s'identifier à ceux qu'il a quittés. Elle peine à se reconnaître dans ces femmes auxquelles elle ressemble désormais, malgré elle :

« Je n'aime pas la femme que je suis devenue, ou plutôt celles qui me ressemblent. Ça s'appelle le déchirement[1]. »

Parce qu'ils sont « à la croisée des deux mondes », comme l'analyse très justement la philosophe Chantal Jaquet, les transclasses font l'expérience d'une « double distance par rapport au milieu d'origine et par rapport au milieu d'arrivée ». Ils se caractérisent par un « ethos de la distance », c'est-à-dire une « manière d'être forgée par la pratique du passage et l'expérience de l'entre-deux[2] ». En ce sens, comme l'exilé, le transclasse ne revient jamais tout à fait en terre connue, il n'obtient jamais complètement non plus la nouvelle nationalité. Il est marqué par le sceau d'une double différence : étranger en son pays, étranger en terre conquise[3]. Il danse d'un pied à l'autre, ne cesse ces aller-retours intérieurs, sans jamais parvenir à vraiment se poser quelque part. Mentalement, affectivement, culturellement, il est constamment pris dans ces va-et-vient entre deux pôles. Deux manières de se comporter, deux usages de la langue. L'intensité avec laquelle chacun de ces deux pôles l'attire varie au cours de l'existence, comme la lune influe sur les marées. L'amplitude de ces mouvements intérieurs, l'intensité du déchirement rythment les vies de ceux qui restent des

1. Interview d'Annie Ernaux, dans *BibliObs*, 11 décembre 2011.

2. Chantal Jaquet, *Les transclasses ou la non-reproduction*, Paris, PUF, 2014, p. 140.

3. *Ibid.*, p. 152 : « Le transclasse n'est pas de plain-pied dans ce monde autrefois familier ; là encore il est déplacé ; entre lui et les autres subsistera toujours la différence de ceux qui sont restés. [...] Il est étranger en son propre pays. »

« déplacés », nageant presque toujours à contre-courant, qu'ils remontent vers l'origine ou qu'ils visent l'horizon.

Pour Annie Ernaux, cette « séparation du monde » reste douloureusement « inscrite dans [s]on corps[1] ». Elle est marquée « subtilement, dans le territoire et dans les têtes[2] ». Cette expérience est celle d'une exclusion invisible : il reste des espaces où nous ne nous sentons pas les bienvenus, toujours illégitimes ; des lieux inaccessibles qui nous donnent le sentiment d'entrer « par effraction[3] ». Il reste, de manière sensible et incarnée, l'impression de ne pas faire partie de ce monde « qui ne nous appartient pas ». Le sentiment d'étrangeté persiste, comme si notre présence, notre réussite dans cet espace social étaient une « anomalie », ce qui nous interdit de nous en réjouir :

« La réussite scolaire elle-même, dans ces cas n'est pas vécue comme une victoire, mais une chance précaire, bizarre, une espèce d'anomalie, on est de toute façon dans un monde qui ne nous appartient pas[4]. »

On est priés de réussir dans la discrétion. Dans son *Esquisse pour une auto-analyse*, Pierre Bourdieu traite

1. Annie Ernaux, *L'écriture comme un couteau, op. cit.*, p. 27: « Je crois qu'elle est inscrite dans mon corps cette séparation. Cette séparation du monde. »

2. *Ibid.*, p. 24 : « Des séparations qui ne sont pas visibles à l'étranger qui arrive, mais inscrites subtilement dans le territoire et dans les têtes. »

3. *Ibid.*, p. 23 : « Quand je vais à Paris, il y a des quartiers, le VIe, le VIIe, où j'ai toujours l'impression de ne pas être admise, d'être là par effraction. »

4. *Ibid.*, p. 63-64.

de ce même phénomène : la consécration ne peut être pleinement vécue si elle s'inscrit sur fond de doute et de suspicion, de remise en question de l'institution scolaire dont on a aussi éprouvé la violence et l'injustice. « Comme si, dit-il, la certitude de soi liée au fait de se sentir consacré était rongée, en son principe même, par l'incertitude plus radicale à propos de l'instance de consécration, sorte de mauvaise mère vaine et trompeuse[1]. » La figure forte de la « mauvaise mère » dit à quel point la reconnaissance nous file entre les doigts. Que vaut cette réussite quand on doute de ceux qui l'attribuent ? Que vaut l'affection de ceux qui nous ont déjà menti ou trompé ?

Ainsi les fruits de nos efforts pour nous élever dans cette nouvelle sphère nous échappent, nous sommes dans ce monde comme les enfants derrière la vitre, spectateurs bien plus qu'acteurs. Il reste inaccessible, alors qu'il est devant nous. Nous y entrons comme des « figurants », selon le terme utilisé par Annie Ernaux, comme si notre propre vie restait à distance, comme si on ne prenait pas vraiment part à ce qui a lieu[2]. Pierre Bourdieu dit lui aussi « le déconcertement et le désarroi éprouvés devant certains faits de culture (en tous sens) inconnus de nos milieux[3] ». On fait semblant d'appartenir à ce milieu, de vivre cette scène mais avec un sentiment intérieur de distance, peut-être même d'indifférence. Comme si on

1. Pierre Bourdieu, *Esquisse pour une auto-analyse,* Raisons d'agir, 2004, p. 127.
2. Annie Ernaux, *op. cit.*, p. 20.
3. Pierre Bourdieu, *op. cit.*, p. 126.

n'était pas pleinement là, comme si on ne réussissait pas à s'inscrire dans ce moment, à le vivre vraiment, à rentrer dans cette réalité de plain-pied, à y adhérer.

Ainsi je me souviens de cette présence diffuse, vague, de la difficulté à pénétrer dans le réel, comme si sa matière était trop dense, lourde, épaisse, comme si un voile indéchirable m'en séparait. Je me souviens de cette difficulté à prendre part, à m'insérer dans la conversation, à entrer dans la ronde, à faire partie de l'équipe. Je me souviens de mes intimes prières de m'insérer. Comme si quelque chose de l'ambiance, de cette matière intangible et pourtant sensible, ce halo d'existence et de visibilité qui nous entoure nous évitait et nous excluait. Et on reste à quai, à distance, comme paralysé, incapable de s'immiscer dans ce cercle invisible de la présence. On aimerait entrer dans la danse, mais il nous manque l'élan, l'audace, la confiance. Il nous manque l'aisance et la souplesse. Ou peut-être, dans le fond, l'envie, l'intérêt. Comme si ce spectacle gardait à nos yeux trop d'étrangeté, au point de nous paraître parfois absurde.

« Je suis passée dans un monde qui n'a pas le même ethos, les mêmes façons d'être, les mêmes façons de penser. Ce bouleversement est toujours en moi. Même physiquement. Il y a des situations où je me sens… Non, ce n'est pas de l'ordre de la timidité, ni du mal-être. De la place. Comme si je n'étais pas à ma vraie place, que j'étais là sans être là[1]. »

1. Annie Ernaux, *L'écriture comme un couteau*, *op. cit.*, p. 64.

« Être là sans être là. » Trouble dans la place. Telle est la difficulté du « déplacement », qui est un profond « bouleversement », c'est-à-dire un grand désordre produit par une action violente. Il y a dans ce déplacement une violence, celle du déchirement. Il y a quelque chose qui ne sera jamais bien rangé. Il reste quelque chose de ce désordre quand on est transfuge de classe, quelque chose de cet entre-deux et le sentiment de n'être jamais vraiment tout à fait présent à ces nouveaux lieux, ces nouvelles manières d'être, qui continuent à glisser sur nous sans vraiment « prendre »[1]. Pour Chantal Jaquet, le transclasse est « *out of place* ».

« Il se déclasse au risque d'être toujours déplacé. Il est *out of place*, à la frontière entre le dedans et le dehors, dans un entre-deux qui l'expose à la *fluctuatio animi*[2]. »

Ce flottement d'âme, s'il paraît douloureux, sous la plume d'Annie Ernaux ou de Pierre Bourdieu[3], ne l'est pas seulement aux yeux de la philosophe. Il semble qu'elle y lise une forme de souplesse dans sa logique combinatoire, une puissance de reconfiguration et qu'elle voie peut-être même une certaine force dans cette capacité à supporter la dissolution d'un moi personnel et social[4].

1. *Ibid.*, p. 26 : « J'ai toujours été entre deux. »

2. Chantal Jaquet, *Les transclasses et la non-reproduction*, *op. cit.*, p. 221.

3. Il faut évoquer aussi la littérature qui s'est déployée ces dernières années autour de la figure du transfuge de classe.

4. Chantal Jaquet, *op. cit.*, p. 220 : « la non-reproduction [...] se caractérise par une aptitude à s'écarter des schémas dominants et à surmonter l'obstacle de la répétition ou l'enfermement dans le même. » Voir aussi p. 220-221 : « le changement de classe sociale

Ainsi, selon Chantal Jaquet, le transclasse affirme la possibilité d'une plasticité des êtres, leur être en mouvement et une potentialité fondamentale, celle de se frayer un passage vers un au-delà.

« Le transclasse est la preuve en acte de l'existence d'une mobilité et d'une plasticité des êtres, y compris dans les conditions les plus défavorables. [...] La non-reproduction implique qu'un individu, en transit entre deux classes, se fraie un passage, et soit tour à tour façonnant et façonné par les mondes qu'il traverse et qui le traversent[1]. »

C'est un être « en transit [qui] vit dans les intermondes ». Il est, au sens fort, un « revenant », il navigue, comme un fantôme, entre deux temporalités. Comme le dit très justement la philosophe, il « revient de loin[2] ».

On peut en effet considérer comme un avantage le fait de n'être enraciné nulle part. Ne pas avoir de place fixe, être capable d'aller d'un espace social à un autre, d'une époque à une autre, pouvoir se mettre à la place des autres pour mieux les comprendre, n'est-ce pas un certain privilège ? N'être jamais tout à fait accordé, se sentir

---

[...] engendre une reconfiguration qui ne se réduit ni à une addition des habitus ni à leur hybridation, mais qui prend la forme dynamique d'une décontraction et d'une reconstruction permanente à travers les tensions de la transition. Le transclasse ne peut être compris que dans ce mouvement du passage par lequel il fait l'expérience d'une transidentité et de la dissolution du moi personnel et social. »

1. *Ibid.*, p. 220.
2. *Ibid.*, p. 155.

en décalage nous préserve d'une adhésion aveugle, crée une distance critique nécessaire à toute forme d'étude de l'humain. C'est ce qu'affirme très clairement l'historien Romain Bertrand. Être « entre » plutôt qu'être « dans », ne pas s'installer mais toujours changer de place ; c'est ce genre d'« inquiétude » naturelle qui explique peut-être les vocations en sciences humaines :

« Quant à la place de l'historien, sur laquelle vous m'interrogiez : la règle est de n'avoir pas de place fixe. Il y a des gens qui sont persuadés qu'ils ont une place, qui passent leur vie à lutter pour la conquérir et la conserver. Ils aiment être "racinés", comme disait Marcel Détienne, et d'autres aiment moins cela – j'en fais partie. Je suis assez intimement persuadé qu'une grande part des vocations, en sciences humaines, viennent du sentiment de n'être pas entièrement accordé aux évidences d'un jeu social ou aux attendus d'une assignation identitaire. Cela ouvre en soi une disponibilité à l'accueil d'une parole autre. La condition du jeu, et sa règle, c'est de n'être jamais à sa place[1]. »

1. Mathieu Potte-Bonneville, « Romain Bertrand, un historien entre les mondes », *Magazine du centre Pompidou*, 2021.

Merci à Magali Bessone de nous avoir indiqué cet article.

Le « vrai lieu »

N'y a-t-il pas de lieu qui soit le mien ? Dans *Le vrai lieu*, série d'entretiens d'Annie Ernaux avec la réalisatrice Michelle Porte, la romancière retrace son parcours intérieur, partant du sentiment de n'être pas à sa place jusqu'à celui d'être « réellement là », d'avoir trouvé son « vrai lieu ». Ce vrai lieu n'est pas celui que l'on atteint comme une flèche sa cible, il est celui autour duquel on tourne, celui que l'on atteint malgré et sans doute grâce à tout ce qui, à première vue, nous en empêche, chaque « empêchement » se faisant matériau, « réalité profitable à l'écriture[1] ». Ainsi les ratés, les échecs de l'existence, les mauvais choix, les fausses routes, ne sont peut-être pas seulement des moments de vie manqués, mais des expériences qui me construisent paradoxalement dans la déroute. Car c'est précisément cette impression d'une vie factice qui fait naître le sentiment d'une nécessité nouvelle, d'un autre rapport à l'existence.

Le vrai lieu n'est pas tant un lieu qu'une activité, une modalité de l'être où le sujet se laisse absorber tout entier, dans une emprise qui est pourtant pure activité,

1. Annie Ernaux, *Le vrai lieu, entretiens avec Michelle Porte*, Gallimard, 2014, p. 93.

intensification du sentiment d'existence, pleine présence. Ce lieu où, comme le dit Annie Ernaux, nous avons la sensation « d'être le plus[1] ». Présence à ce que l'on fait, ce que l'on produit, présence à l'œuvre qui s'élabore, plutôt que présence à soi dans une forme d'introspection narcissique. Évoquant la période d'écriture de son ouvrage *Les années*, Annie Ernaux souligne ce paradoxe du pouvoir qui émerge d'une activité si envahissante :

« J'étais prisonnière du texte, mais pas du tout avec un sentiment de limitation. Au contraire, de cette emprise venait une sensation de puissance. J'étais dans le lieu où il faut que je sois[2]. »

Le « lieu » où nous devons être, selon une nécessité intérieure propre à chacun, se manifeste par le sentiment de puissance qu'il dégage. Si sa forme extérieure est celle de la possession et de la limitation – je suis tout entier réquisitionné par cette activité –, sa réalité intérieure est celle d'un accroissement de puissance du sujet, une affirmation essentielle d'une capacité à créer.

« L'écriture est mon "vrai lieu". De tous les lieux occupés, le seul immatériel, assignable nulle part, mais qui, j'en suis sûre, les contient tous d'une façon ou d'une autre[3]. »

Ce lieu immatériel, qui est pour Annie Ernaux, celui de l'écriture, est d'abord celui qui s'est présenté à elle sous une forme imaginaire. Le « vrai lieu » est peut-être celui que je commence par aborder de manière fantasmatique,

1. *Ibid.*, p. 111 : « C'est tout de même là où j'ai l'impression d'être le plus. Mon vrai lieu. »

2. *Ibid.*, p. 90.

3. *Ibid.*, p. 12.

en me rêvant écrivain ou médecin, en m'approchant de lui, prudemment, par le biais secret des projections. Ainsi le vrai lieu a sans doute déjà été habité depuis longtemps sur un plan invisible, une ligne mélodique secrète, que le sujet seul peut entendre.

La puissance de cette irréalisation, la force de l'imaginaire nous permettent d'aborder d'autres mondes, aux antipodes du nôtre, de dessiner une profondeur de l'existence à travers ces différentes lignes de vie :

« La lecture, c'était le lieu de l'imaginaire, là où je vivais de manière intense, en même temps, c'était ce qui me séparait du monde réel de mon enfance en m'offrant des modèles sociaux très souvent aux antipodes des miens. Je m'irréalisais à fond dans chaque livre, mais cette irréalisation a joué un rôle formidable dans mon acquisition de connaissances. [...] Le livre était l'ouverture sur le monde[1]. »

Nous sommes ainsi les héritiers d'autres mondes que celui que nous avons réellement habité :

« Il faudrait pour savoir qui on est, de qui on est héritier, rassembler les pièces du musée intérieur qui nous constitue[2]. »

Certes, nous sommes marqués par notre premier espace social, mais nous nous approprions des univers étrangers par la littérature ou le cinéma, par toutes les formes d'art qui taillent des brèches dans notre quotidien. Cette dynamique nous portant d'une existence factice jusqu'au vrai

---

1. *Ibid.*, p. 52.
2. *Ibid.*, p. 54.

lieu n'est donc pas une fuite, mais un cheminement obéissant à un sentiment intime d'appartenance et d'identification. La prise de conscience de soi, de sa situation se fait dans le miroir tendu des œuvres. Le roman nous éclaire ce qui restait opaque, nous permet de nous comprendre nous-même, à distance, par la fiction qui en dit long sur notre vérité[1]. Qui je suis, je le comprends parfois au travers de personnages de littérature. Ainsi le couple des *Choses* de Perec, perdu dans une illusion matérialiste du bonheur et un rapport inauthentique au monde, renvoie à Annie Ernaux l'image de son propre couple. Le texte agit comme un révélateur : les postures, les faux-semblants, les mensonges à soi-même ; ce couple ressemble au sien. La fiction nous démasque, elle dévoile le décor de nos vies, fait apparaître ce que nous refusons de voir. Elle indique aussi d'autres possibles. En ce sens, la littérature permet « l'éclaircissement de l'opacité de la vie ». Elle est « la vie découverte et éclaircie[2] ». Certaines lectures nous donnent des indices, des avertissements, identifient pour nous des impasses, nous engagent à bifurquer. C'est ce qu'évoque Pierre Bourdieu dans son *Esquisse pour une auto-analyse* :

« C'est sans doute le goût de "vivre toutes les vies" dont parle Flaubert et de saisir toutes les occasions d'entrer dans l'aventure qu'est à chaque fois la découverte de nouveaux

---

1. *Ibid.*, p. 74 : « Dans la littérature, j'ai trouvé des choses pour moi. Dans Proust. Dans Georges Perec. Des choses qui font que l'on se dit : "Moi aussi". Et la lumière se fait en soi. C'est "la vie éclaircie" dont parle Proust. »

2. *Ibid.*, p. 84.

milieux [...] qui [...] m'a porté à m'intéresser aux mondes sociaux les plus divers. Je pense que les lectures de mes interminables vacances d'été m'avaient donné l'envie de pénétrer des milieux sociaux inconnus[1]. »

Le « vrai lieu » est aussi à entendre comme celui de la réconciliation avec soi. Pour Pierre Bourdieu, l'écriture de son premier texte, « Célibat et culture paysanne », a joué ce rôle. L'expérience du transclasse est profondément celle d'une intranquillité, d'une inquiétude du sujet, toujours pris dans les tensions et les contradictions, traversé par un habitus clivé, tentant vainement de « concilier les contraires », les faces diurne et nocturne du réel, pour reprendre l'image qu'il propose[2]. L'écriture lui apparaît comme la possibilité de revenir à une part de lui-même, à ses amis d'enfance, à ses parents, avec respect. Comme si elle le rapprochait, par l'angle de l'approche ethnographique, de ceux dont ses études l'avaient éloigné. Comme si elle restituait ce qui avait été enfoui, ce dont on s'était amputé pour rentrer dans le cadre :

« C'est toute une partie de moi-même qui m'est rendue, celle-là même par laquelle je tenais à eux et qui m'éloignait d'eux, parce que je ne pouvais la nier en moi qu'en les reniant, dans la honte d'eux et de moi-même. Le retour aux origines s'accompagne d'un retour, mais contrôlé, du refoulé. »

1. Pierre Bourdieu, *Esquisse pour une auto-analyse*, *op. cit.*, p. 86-87.
2. *Ibid.*, p. 126-127.

Ainsi il s'agit de trouver la modalité de l'écriture qui surmonte la honte et le reniement, de sa famille et de soi, qui respecte sans embellir, qui décrit sans trahir. Pour Bourdieu, c'est la distance de l'approche ethnographique qui le permet ; pour Annie Ernaux, c'est l'écriture « factuelle[1] ». Dans les deux cas, il s'agit de moduler les affects, de contrôler le propos par une forme de décentrement et de mise à distance. En se débarrassant de certains artifices du monde intellectuel, en retrouvant le milieu populaire comme objet de réflexion, en dépouillant sa langue de tics rhétoriques, Bourdieu expérimente une « purification d'une nouvelle naissance[2] ». Et ainsi, il renoue avec la « pulsion souterraine et l'intention secrète qui étaient la face cachée d'une vie dédoublée[3] ».

Retrouver la mélodie discrète et entêtante qui nous a guidé, relier nos différentes lignes de vie, qui se recoupent plus qu'elles ne bifurquent. Réconcilier celui que l'on est devenu et celui que l'on n'a jamais cessé d'être. Renaître à soi dans la complexité de celui que l'on est devenu.

1. Annie Ernaux, *Le vrai lieu*, *op. cit.*, p. 70 : « Comment puis-je écrire cela (séparation avec le père) sans trahir à nouveau ? La seule écriture qui n'était pas une écriture de la trahison, c'était cette écriture factuelle. »

2. Pierre Bourdieu, *Esquisse pour une auto-analyse*, *op. cit.*, p. 94.

3. *Ibid.*

La dissonance du désir

« Lorsque j'étais enfant, j'aimais une fille de mon âge, qui était un peu louche. »

René Descartes, *Lettre à Chanut*.

« Qu'est-ce que tu lui trouves ? » Il y a dans notre histoire des épisodes qui font tache, des intrus, des éléments qu'on a du mal à faire cohabiter, des notes bizarres dans la marge du texte qu'on s'efforce d'écrire. Cet homme avec qui je couche, arriviste et vulgaire[1], cet endroit sans charme où j'aime retourner, ces amis marginaux qui « détonnent » disent tous quelque chose de la personne que j'ai aussi été. Toutes ces fausses notes, ces instants où notre voix s'enroue, où l'on fait un mauvais geste, ces moments où quelque chose déraille, comme si on était aimanté par une puissance plus forte, archaïque, nous rabattant sur un passé que le reste de notre vie tente d'effacer. Des accents populaires, des expressions triviales que je retrouve, que je m'autorise, comme s'il s'agissait là d'une transgression. Ces différents accrocs dans le tissu

1. On pense ici, entre autres, au diplomate russe dans les romans d'Annie Ernaux, *Passion simple* et *Se perdre*.

de nos vies disent d'où nous venons, malgré nos efforts pour donner le change. On donne beaucoup plus que le change, on donne beaucoup trop, on sacrifie une part de notre passé, qui doit désormais se faire discret et silencieux. Comme un repris de justice. Qu'est-ce alors qui nous reprend ?

La dissonance apparaît lorsque les catégories, les classements sociaux semblent se brouiller. Lorsque je ne m'adresse pas de la bonne manière, sur le bon ton, lorsque quelque chose « cloche » dans la relation, quand une musique inhabituelle apparaît dans une discussion[1]. C'est dans la dissonance que s'entendent les petites trahisons de certaines trajectoires sociales. Elle dit que cet effort nous coûte. Elle nous signale peut-être que nous touchons à nos limites. Se défaire d'une partie de soi, jouer les saynètes de la comédie sociale représente alors un prix trop lourd à payer. Elle indique le point où le déplacement atteint sa limite, où la place n'est plus tenable. Le moment où je ne suis plus capable de tenir cette place durement conquise s'entend dans ma voix, dans ma manière de parler, se manifeste sur mon corps qui tremble ou mon visage qui rougit.

Mais elle trahit aussi la tentation du retour, l'envie de regarder derrière soi, malgré les promesses, le désir de se retourner sur ceux qu'on a laissés. Replonger dans

1. Éric Chauvier, « Anthropologie de l'ordinaire. Une conversion du regard », *Anacharsis*, Éditions du Félin, 2010, p. 113 : « la dissonance révèle en creux les 'usages' faits du langage, autrement dit les façons que nous avons – observateurs et observés – de classer le monde social. »

le passé et retrouver l'impatience des surgissements amoureux, leur impétuosité. Retrouver leur langage, leur gestuelle, leur chorégraphie. Le retour à soi s'opère parfois de manière inattendue, dans une expérience qui surprend le sujet bien plus qu'il ne le maîtrise. Parce que notre corps reste marqué par les schémas affectifs de l'enfance, ils pourraient agir en nous comme une force d'attraction du passé. « L'empreinte de ce premier monde », selon l'expression d'Annie Ernaux, influe peut-être sur notre présent dans des élans intimes d'affection et de désir. Si ces premières joies dessinent en nous les formes des bonheurs et des plaisirs, elles esquissent également celles de nos élans érotiques et amoureux. C'est aussi à ces joies spécifiques que l'on ne veut pas renoncer.

« Plus tard, j'ai eu conscience de l'empreinte de ce premier monde sur moi [...], de l'empreinte aussi de bonheurs, de plaisirs, souvent considérés comme vulgaires ou inférieurs, mais dont j'ai mesuré la force : les fêtes, les repas, les chansons. De plaisirs évidemment très éloignés des plaisirs intellectuels mais constitutifs de moi-même[1]. »

Notre appartenance à un lieu, à un milieu, on le sait, s'incarne, s'inscrit corporellement et émotionnellement en nous. Elle structure aussi profondément nos schémas affectifs. Le désir conserve sans doute la trace sociale de nos premiers émois. Il nous ramènerait alors parfois, par surprise, à cet ancien milieu que l'on a quitté, réactivant des figures désirables intimement associées à ces

1. Annie Ernaux, *Le vrai lieu, op. cit.*, p. 27.

lieux désertés par nous. Si nous n'y vivons plus, nous sommes peut-être encore troublés par des silhouettes, des paroles, des allures qui ont suscité nos premières ardeurs. On sait avec quelle force la passion nous bouscule et nous déplace vers d'autres sphères, on sait la manière dont elle s'articule avec d'autres projections, dans une configuration triangulaire dont René Girard a fait la démonstration. Et si le désir d'un être se nourrit par anticipation du milieu qui l'auréole de pouvoir, de gloire ou de fortune, il se pourrait que le désir nous ramène aussi, malgré nous, à des formes archaïques de l'attirance, telles qu'elles se sont élaborées très tôt dans notre mémoire affective. Le désir me reconduirait ainsi dans ces lieux que j'ai quittés à grands frais et, malgré la violence de cet arrachement, j'y serais de nouveau projeté, à mon insu, par sa réapparition. Comme une madeleine affective. Si, dans l'enfance ou l'adolescence, le sentiment amoureux s'est conjugué en se fixant sur certains détails physiques des objets de mon désir, je vais tenter de les retrouver, sans nécessairement identifier la source de cette inclination. Ainsi Descartes avouait sa passion pour les jeunes femmes « louches » (il entendait par là atteintes d'un strabisme) dont l'origine serait un amour d'enfance[1]. De la même manière, si cet homme

1. René Descartes, Lettre à Chanut (6 juin 1647), in *Œuvres complètes*, Gallimard, Bibliothèque de la Pléiade, 1953, p. 1277 : « Lorsque j'étais enfant, j'aimais une fille de mon âge, qui était un peu louche, au moyen de quoi, l'impression qui se faisait par la vue en mon cerveau, quand je regardais ses yeux égarés, se joignait tellement à celle qui s'y faisait aussi pour émouvoir la passion de

exerce sur moi un attrait irrésistible, c'est qu'il y a dans sa manière un peu brusque de m'interpeller, dans ses regards insolents, les échos d'émotions anciennes mais toujours vives. Et mon sentiment de malaise, de honte se mélange alors au plaisir confus de familiarité et de régression affective. Je reviens à la force des premiers appels du désir, je suis reconduit à sa brutalité, au choc au cœur qu'il produit. Je retrouve le goût des premières fois, tel qu'il s'est inscrit profondément en moi. C'est à mon corps défendant que se manifeste le désir pour celui que je ne suis pas censé aimer. Ainsi s'expliquent peut-être nos amours « louches », ces passions dont nous seuls comprenons la logique secrète.

Le désir, dans sa dissonance, dirait donc quelque chose de l'endroit d'où l'on vient. Dans son roman *Laura*, l'anthropologue Éric Chauvier analyse cet élan amoureux qui nous renvoie au « bled », ce lieu de l'enfance que l'on a tant voulu quitter. La « vulgarité » de nos désirs est la violente réminiscence de qui nous sommes. Suis-je vraiment devenu quelqu'un d'autre ? Le désir qui me happe, comme une main surgie du passé, remet en question la place que j'occupe désormais ailleurs. Cette nouvelle identité culturellement valorisée n'est peut-être qu'un trompe-l'œil. Qui suis-je finalement ? se demande le narrateur de *Laura*. Que reste-t-il de l'intellectuel devant le trouble produit par Laura, ancien amour de jeunesse

l'amour, que longtemps après, en voyant des personnes louches, je me sentais plus enclin à les aimer qu'à en aimer d'autres. »

cabossé ? « Ta beauté fracassée me porte aux nues et me ramène à ma jeunesse[1]. » L'amour nous renvoie à la case départ. Quelque chose de notre passé resurgit, comme s'il n'avait jamais disparu, et sa puissance trahit la cohabitation tendue entre les différents « moi » d'un même sujet. Les paroles retrouvent la langue populaire et ravivent notre ancienne voix : « Ce sont ces dissonances autobiographiques, comme revenues à la vie, qui transpercent dans les insultes[2]. » Que se passe-t-il quand je suis « repris » par ces émotions particulières, est-ce que je me retrouve ou est-ce que je me perds ? Où se situer dans cette identité déchirée ? Oublier Laura, faire taire le désir pour elle, prétendre « quitter le bled », c'est se perdre, perdre une partie toujours vivante de soi[3].

Le désir, imprévisible, perturbe parce qu'il semble remettre en question nos choix et nos efforts démesurés, ceux qu'on a faits pour partir pour une grande ville et « se convaincre qu'on en est digne ». Le milieu qu'on a quitté parce qu'on s'y sentait déjà décalé, nous rattrape par le col, par le biais de la passion. Cette langue d'avant qui pourtant n'a jamais vraiment été la nôtre nous revient avec une familiarité troublante[4]. Ce lieu qu'on pensait « derrière » nous se ravive dans nos entrailles, dans les

1. Éric Chauvier, *Laura*, Allia, 2020, p. 111.
2. *Ibid.*, p. 92.
3. *Ibid.*, p. 38 : « En réalité, c'est Laura que je veux oublier, ce mélange de désir et de honte que j'éprouve pour elle, et que je ne comprends pas – que je ne comprends toujours pas. Plus je quitte le bled, plus je me perds. »
4. *Ibid.*, p. 44 : « Moi qui suis incapable de parler la langue des coups dans la gueule. »

battements de cœur, dans notre embarras, notre émotion, mal maîtrisée, d'être là, à côté de Laura. Éric Chauvier, reprenant sa voix d'anthropologue, identifie ses propres « dissonances autobiographiques », décortique nos anomalies de parcours et les « aberrations » de la passion amoureuse. Les deux termes disent bien la puissance d'un désir qui défie les normes et les déroutes : l'aberration est littéralement le fait de sortir des rails. *Aberrare* signifie s'écarter, l'aberration est un éloignement, une fuite, une diversion. Mais nos désirs aberrants sont surtout de puissants retours inconscients à des formes enfouies associées aux premiers émois, une sorte de nostalgie amoureuse.

Dans le récit *Anthropologie*, c'est encore le désir qui fait vaciller l'identité sociale, perturbe la démarche professionnelle. L'enquêteur y tombe amoureux d'une jeune femme de l'Europe de l'Est, qui fait la manche[1]. L'échange fugace de l'anthropologue avec la mendiante ne se produit pas sous sa forme attendue. Les circonstances, les statuts respectifs des deux protagonistes, supposent certains types d'échanges, d'attitudes. Mais les choses ne se passent pas comme prévu. Elle n'aurait pas dû le remercier avec une telle intensité, il n'aurait pas dû accepter ses remerciements avec tant d'implication. Quelque chose se produit. Une rencontre, dont l'épaisseur et la densité débordent la nature de la situation elle-même. Le regard, puis la voix de la jeune fille et plus encore son silence, troublent l'anthropologue :

1. Éric Chauvier, *Anthropologie*, Allia, 2006.

« Pourtant, je ne peux pas éluder l'étrange intensité de son regard. Je ne peux pas non plus éluder l'intensité troublante de cette voix. [Ce qu'elle ne dit pas] renvoie à des images qui me sont à la fois familières et secrètes. Je retrouve dans sa voix ce que j'ai décelé dans ce regard. L'intime et le lointain s'y mêlent d'une façon plus expressive encore[1]. »

Étrange familiarité d'une scène où resurgissent des souvenirs, résonance inattendue du passé dans un moment *a priori* sans enjeu. L'ambiguïté de la rencontre tient aux souvenirs intimes que cette étrangère ravive, au sentiment de grande proximité que le narrateur éprouve, comme s'il retrouvait en elle quelque chose de lui-même. Pourquoi cette jeune femme le bouleverse tant ? Parce qu'elle réveille la mémoire d'une enfance lointaine, parce qu'elle ressuscite, dans un « déchaînement olfactif[2] », l'enfant qu'il a été et révèle ainsi ce que Chauvier nomme la « topographie de [s]on enfance granitique[3] ». Cette jeune femme, nommée X ou Ana, rencontrée quelques instants sur un parking et jamais retrouvée malgré les recherches de l'anthropologue, produit en lui une « fêlure[4] ».

Il est des rencontres éphémères qui nous bouleversent profondément, nous interrogent sur notre identité bien plus intensément que des années d'introspection. L'importance que prennent certaines personnes à nos yeux ne tient pas à la durée de la rencontre mais à la puissance

1. *Ibid.*, p. 15.
2. *Ibid.*, p. 77.
3. *Ibid.*, p. 78.
4. *Ibid.*, p. 15.

avec laquelle leur présence résonne en nous, à ce qu'elles libèrent ou ravivent comme part essentielle de nous-même, à la vérité enfouie à laquelle, sans le savoir, elles nous reconduisent :

« Je comprends tout d'un coup que la biographie de X peut être sondée en me faisant percevoir les détails de la mienne[1]. »

La matière de cette identité est tissée d'impressions sensibles et d'atmosphères[2]. La madeleine de l'anthropologue a une odeur d'asphalte, « d'huile solaire et de genêts, des odeurs d'été et d'automne mêlées », d'« été finissant », « de vase, de rafia moisi et de ciment frais ». Elle a la pesanteur « d'un été d'orage, le même que celui qui me voit poursuivre l'image familière et détraquée de X[3] ». Les amours bizarres, celles qui détonnent et surprennent, disent sans doute quelque chose d'intime et d'archaïque sur nous. Elles révèlent quelque chose d'un ancien schéma de l'affection, des voix et des odeurs dans lesquelles celle-ci s'est fixée et du plaisir troublant et régressif à les retrouver et à renouer avec une part plus primitive de soi.

Cette étrange passion pour Ana est bien aux yeux des proches de l'anthropologue une « aberration ». Son sentiment est immédiatement disqualifié par leurs remarques, il ne peut pas selon eux être vraiment amoureux de cette fille. Comme si l'on pouvait définir ceux que l'on ne peut

1. *Ibid.*, p. 76.
2. *Ibid.*, p. 77 : « Panel d'impressions rares » ; « ce support, cette pure matière sensible, devient un outil fiable de compréhension de ce que je ressens pour X. »
3. *Ibid.*

pas aimer. L'anthropologue qui s'éprend de son « objet d'étude » ébranle la posture d'universitaire dans laquelle il s'était installé. Peut-être est-ce précisément de se découvrir si peu enraciné dans son personnage d'anthropologue (il évoque « la douleur de se trouver déraciné par cette fille[1] ») et si brutalement renvoyé à d'autres racines qui constitue finalement le plus déconcertant de cet épisode amoureux. Ce moment étrange partagé sur un parking, cette sortie de route, dans tous les sens du terme, en dit long sur le narrateur et sur ce qui n'a pas disparu, ni de son enfance, ni d'une certaine strate de son identité.

1. *Ibid.*, p. 17.

Dérives et débordements

Si certains désirs nous ramènent, comme dans un irrésistible *flashback*, à des époques affectives qu'on pensait révolues, des figures archaïques de l'amour, des sensations et des contacts lointains et pourtant toujours vivaces, d'autres au contraire nous déplacent radicalement, nous libèrent d'une place où l'on étouffe. La force de la passion est bien dans ce débordement, cette dérive loin de nous-mêmes et la jouissance est dans cet abandon d'une part de soi qu'elle autorise, malgré la transgression et le déchirement. Du désir, Gilles Deleuze dit qu'il nous déterritorialise, ce qui signifie qu'il nous expulse de notre terrain de jeu habituel, produisant un sentiment de nouveauté et d'altérité[1]. Céder à ce désir est alors une manière de se défaire de soi ou de se découvrir autre. Ce désir de l'autre est tout autant désir d'*être autre*, d'être neuf, de se vivre de manière inédite. C'est bien ce déplacement que je recherche dans le désir : ce plaisir d'être dépaysé, désorienté. Ou plus radicalement encore, comme le dit Anne Dufourmantelle, rencontrer l'inouï.

---

1. Pierre-André Boutang, *L'abécédaire de Gilles Deleuze*, « D comme Désir », Éditions Montparnasse, 2004.

Mais je veux peut-être aussi, d'une manière plus radicale et plus sombre, me sentir perdu, je veux me perdre, me débarrasser de moi. Il s'agit alors moins d'être désiré que d'être annulé par ce désir, de disparaître. Le désir nous déplace de l'identité à l'altérité ou à l'effacement de nous-même. Où nous entraîne la passivité du désir ? Se laisser glisser dans cette passion, comme sur une pente, est-ce une manière de consentir au sacrifice de soi ?

On sait, on a lu mille fois, on a vécu une ou deux fois, cette puissance de la passion qui nous rend méconnaissable. Elle nous inquiète parce qu'elle fait surgir une altérité inattendue, nous dépossède de notre volonté ou, plus exactement, la sollicite tout entière, lui conférant une force inconnue[1]. Il n'est pas étonnant que les métaphores de l'amour empruntent à la nature ses phénomènes démesurés, comme l'avalanche ou l'ouragan qui nous emportent violemment nous délogent ou nous ensevelissent. Cette imprévisible métamorphose est au cœur des *Vingt-quatre heures de la vie d'une femme* de Stefan Zweig :

« Seuls peut-être des gens absolument étrangers à la passion connaissent, en des moments tout à fait exceptionnels, ces explosions soudaines d'une passion semblable

1. Stefan Zweig, *Vingt-quatre heures dans la vie d'une femme*, Livre de Poche, 1993, p. 23 : « [La] négation du fait incontestable qu'une femme, à maintes heures de sa vie, peut être livrée à des puissances mystérieuses plus fortes que sa volonté et que son intelligence, dissimulait seulement la peur de notre propre instinct, la peur du démonisme de notre nature. »

à une avalanche ou à un ouragan : alors, des années entières de forces non utilisées se précipitent et roulent dans les profondeurs d'une poitrine humaine[1]. »

L'image de l'explosion illustre bien la brusque libération de tout ce qui a été contenu dans la vie antérieure. Comme si cet effort pour précisément continuer à contenir cette énergie intime, ces forces refoulées, cédait brutalement au contact d'une rencontre, d'une tentation[2]. Est-ce d'ailleurs si imprévisible ? Le narrateur évoque l'hypothèse de longues années d'ennui et de déceptions qui prédisposeraient une femme à s'enfuir, comme les enfants du conte, avec le premier joueur de flûte venu[3]. Si l'on se laisse prendre par la passion, c'est parce qu'elle nous délivre d'une identité dans laquelle on s'était laissé enfermer, par contrainte, habitude ou résignation, ainsi que de la frustration de n'être pas vraiment soi-même. Cette passion amoureuse semble être une fuite mais elle exprime plus profondément le désir de se libérer de soi par la mise à mort de son personnage social (une épouse, une mère, une femme respectable[4]). Que dit cette passion

1. *Ibid.*, p. 111-112.

2. *Ibid.*, p. 112 : « Jamais auparavant (et jamais par la suite) je n'éprouvai une telle surprise et une telle fureur d'impuissance qu'en cette seconde où, prête à toutes les extravagances (prête à jeter d'un seul coup dans l'abîme toutes les réserves d'une vie bien administrée, toutes les énergies contenues et accumulées jusqu'alors) je rencontrai soudain devant moi un mur d'absurdité, contre lequel ma passion venait inutilement buter. »

3. *Ibid.*, p. 22.

4. *Ibid.*, p. 105 : « J'aurais déshonoré mon nom et celui de mes enfants, [...] je n'aurais pas jeté un seul regard derrière moi, sur

absurde d'une femme respectable pour un inconnu, passion que personne ne semble pouvoir comprendre mais que chacun sera prompt à juger sévèrement, sur la fragilité des liens que l'on croit essentiels (entre cette mère et ses enfants), sur notre identité sociale et la manière dont elle pèse parfois sur la vie du sujet ? Elle révèle le besoin de se débarrasser d'une peau qui nous recouvre mais n'est pas la nôtre. On est alors soi-même surpris et bouleversé par ce qu'on découvre de nous dans cette aventure amoureuse.

Trahir, abandonner ; autant de manières de couper radicalement avec la personne que l'on a été, de délier ses engagements, de rompre la continuité d'une existence et d'une identité. Comment peut-on à ce point devenir différent de soi ? Il est possible qu'à certains moments de notre existence, la passion trahisse un profond désir de mise à mal de soi, une envie de se saborder, un désir d'auto-destruction. La jouissance est alors dans la négation de cette construction qui s'est faite en partie à notre insu. Qu'y a-t-il d'authentique, de personnel, de consenti en moi ? La passion est épreuve du feu, en ce qu'elle nous confronte brutalement à notre propre vérité. Suis-je méconnaissable parce que défiguré par la brûlure de l'amour ou parce que le masque se lève sur qui je suis vraiment ? Pourquoi se laisser emporter

ma vie passée... J'aurais sacrifié à cet homme mon argent, mon nom, ma fortune, mon honneur... Je serais allée mendier, et probablement il n'y a pas de bassesse au monde à laquelle il ne m'eût amenée à consentir. »

jusqu'à la catastrophe à laquelle nous condamnent certaines histoires d'amour ? Pourquoi choisir de se perdre ?

Il arrive parfois qu'au seuil d'une rencontre, on sache déjà le désastre à venir. Ce qui sera emporté, dévasté si l'on cède à cette passion qui, en réalité, a déjà pris possession de nous. Mais par l'intensité du sentiment d'exister qu'elle promet, elle est irrésistible. Elle est, selon la belle expression de la romancière Sarah Chiche, l'expérience oxymorique de la « joie dévastatrice », d'une existence redoublée par la jouissance d'une disparition d'une certaine part de soi.

« Nos yeux se rencontrent. La pensée me traverse de me défenestrer tout de suite pour nous épargner d'avoir à vivre la joie dévastatrice des années qui viendront[1]. »

La passion est cette évidence à laquelle je ne peux qu'acquiescer, dans la conscience lucide de ce qu'il y a à perdre de ma vie d'avant. Mais c'est précisément parce que cette vie d'avant ne signifie désormais, au regard de cette puissance amoureuse, que l'oubli de soi, qu'on l'embrasse comme ce qui, de manière éphémère, paraît nous sauver.

Dans le roman *Feu* de Maria Pourchet, Laure, quarante ans, professeur d'université, tombe amoureuse de Clément, quinquagénaire, cadre dans la finance, perché dans sa tour de La Défense. Faudrait-il qu'elle résiste, réintègre sa place familiale et conjugale, qu'elle « se raccroche

1. Sarah Chiche, *Les enténébrés*, Paris, Seuil, 2019, p. 50.

aux manches des casseroles » ? Faut-il, se demande-t-elle, « résister au désir de tomber plus bas[1] » ?

On pense que céder au désir, se laisser emporter par la passion signifie tomber plus bas, on pense qu'il nous abîme, mais n'est-ce pas ce que nous désirons secrètement ? En finir avec le personnage que l'on joue, avec la fatigue d'être soi[2], avec la pesanteur d'une vie qui ne nous propose plus que de vieillir. Il faudrait s'accrocher à la vie familiale, à l'identité d'épouse et de mère, laisser agir la machine en nous, celle qui nous a remplacée depuis des années dans ces tâches affectives et domestiques, ingrates et répétitives. Mais est-ce à cela que mes mains doivent servir ? On a réduit nos vies et on a réduit nos corps. On s'est laissé enfermer dans cette vie qui nous use, nous défigure. C'est ce que Laure se dit à elle-même :

« Tu voudrais tant cesser de trahir les vocations de tes mains. Tu voudrais broder et caresser sans recommencer le crime contre soi[3]. »

Mais la trahison est inévitable, elle se conjugue au présent. On trahit les siens, conjoint, enfants, pour faire cesser ce crime contre soi[4]. Notre corps demande à

1. Maria Pourchet, *Feu*, Fayard, 2021, p. 195.

2. *Ibid.*, p. 210 : « la fatigue des anciens crevards, la fatigue d'être soi. »

3. *Ibid.*

4. *Ibid.*, p. 126 : « Tu le trahis. Ces mots, ces valeurs, ce ton, tu les trahis. De tête, tu conjugues sans détour ce verbe pour la première fois. Je te trahis. »

être entendu, exige la satisfaction de toutes ses aspirations sensuelles et charnelles. Parce que, comme le dit la romancière Amandine Dhée, « c'est trop tôt pour s'ancrer », parce qu'on a « besoin de dériver[1] ». Parce que le sentiment de manque, « la faim immense, [est] impossible à dissoudre dans le couple ». On ne peut que partir et trahir. « Alors au bord de la maison et des enfants, à peine à quelques coups de dé, [on] plaque tout. »

Si on se laisse humilier, défigurer par la passion, c'est en y consentant. Dans le manège de la passion, le vertige fait voler les oripeaux, détache les couches superflues que le temps a superposées sur nos corps, il nous libère de cette forme-carcan. Dans le roman de Dino Buzzati, *Un amour*, Antonio Dorigo, quinquagénaire respectable, tombe amoureux d'une jeune prostituée milanaise, Laïde. Cette « histoire ridicule, insensée et ruineuse », cet amour risible, « faux et trompeur » l'obsèdent sans répit et son intensité l'emporte sur le constat d'absurdité de cet amour sans retour :

« Il a compris à cet instant précis qu'il était totalement malheureux sans aucune possibilité d'en sortir, une chose absurde et idiote, mais pourtant tellement vraie et intense qu'il ne trouvait plus d'apaisement. [...] Une sorte de feu intérieur, en pleine poitrine, au plexus solaire, une tension immobile et douloureuse de tout son être[2]. »

---

1. Comme le fait dire Amandine Dhée à son héroïne dans son roman *À mains nues*, Éditions de la Contre Allée, 2020, p. 64. Les citations suivantes sont extraites de la même page.
2. Dino Buzzati, *Un amour*, Robert Laffont, 2010, p. 112.

Il s'agit d'être, intensément, en se défaisant de soi, de sa forme sociale, de son habit, de son habitude d'être. Dans le vertige de la passion, où Antonio tourne sur lui-même comme une toupie jusqu'à perdre ses contours, il n'y a plus que l'intensité de cet étourdissement qui compte. Le mouvement circulaire est absurde et fou, l'enivrement fait perdre tout repère, la brûlure intérieure est plus vive que jamais. Antonio s'égare dans cette ronde de la passion, il devient méconnaissable, la puissance du sentiment qu'il éprouve l'enchaîne. Il en sortira en lambeaux, brûlé par cette incroyable intensité.

« Il était un cheval de manège et soudain le manège s'était mis à tourner, à tourner follement plus vite et c'était elle qui le faisait tourner ainsi, c'était Laïde [...]. Et tournant ainsi follement lui le cheval avait perdu sa forme de cheval et n'était plus qu'un vibrant feston blanc [...] il n'était plus lui-même, il était un être que personne ne connaissait auparavant [...] il n'avait jamais tourné avec un tel élan, il n'avait jamais été aussi vivant[1]. »

1. *Ibid.*, p. 370. Voir aussi le passage précédent : « Car il a été comme une pierre attachée à une corde et qu'on a fait tourner plus vite toujours plus vite et c'était le vent qui la faisait tourner c'était l'ouragan de l'automne, c'était le désespoir, l'amour. Et ainsi en tournant follement on ne distinguait plus quelle forme il pouvait avoir, il était devenu une sorte d'anneau fluide et palpitant. »

Doubles vies

Parfois nous vivons sur des plans parallèles de l'existence. Avec l'illusion que ces vies se déroulent sans risquer la collision. Parfois, nous avons besoin de croire que les vies doubles nous permettent d'échapper à la fatalité d'une seule vie, nous démultiplions les strates d'une existence devenue millefeuille, nous nous accordons une autre histoire que celle qui se déroule à la surface. Ces vies clandestines nous sont précieuses autant par leur secret que par leur réalité. Elles dédoublent le monde, le jouent sur des lignes mélodiques différentes, même en sourdine elles résonnent fortement. Elles nous donnent le sentiment d'échapper au piège d'une place fixe et définitive, nous offrent le luxe d'être de différentes manières. Comme si l'on était deux fois, dans un redoublement de la présence, et sans doute, de la jouissance de soi. À moins qu'elles ne disent le déchirement intérieur, la difficulté d'être soi, de s'installer dans une identité. Quelle angoisse, quel manque nous poussent à esquisser de nouvelles lignes de vie ? Ces vies secrètes réparent des moments de notre existence laissés inachevés, en suspens. Certaines amours prennent soin de notre enfance, nous la rendent moins douloureuse. D'autres nous sauvent d'une adolescence violente où nous restions englués[1]. Elles nous réconcilient avec des figures de souffrance, apaisent d'anciennes tensions et nous permettent alors de reprendre le fil d'une histoire, ou nous donnent la force de la raconter autrement.

Ce dépaysement de l'amour se révèle être une correspondance intime dont nous n'avions pas la conscience vive. Il est moins la découverte d'une altérité intérieure qu'une reconnaissance profonde, une familiarité indicible. Il fait écho à nos dissonances personnelles. Cette explosion de la passion manifeste nos fragmentations secrètes. L'inouï entre en résonance intime, brise une gangue d'habitudes et retrouve la dispersion première avec laquelle nous habitons le monde. Il coïncide avec la musique que nous en percevons intuitivement, en deçà du bruit et de l'agitation vaine. Ainsi, comme l'affirme la psychanalyste Anne Dufourmantelle dans ce très beau passage :

« Quand on part, on ne revient pas le même, et c'est ce dépaysement, parce qu'il fait écho à nos fragmentations intérieures, qui brutalise nos accoutumances, tant il est vrai que nous percevons le monde avec des pré-enregistrements continuellement tamisés parce que nous pensons déjà, savons déjà, anticipons, devinons,

1. Sarah Chiche, *Les enténébrés*, *op. cit.*, p. 93 : « Je ne pensais pas qu'on pouvait faire ça pour quelqu'un – lui rendre l'enfance qu'il n'a pas eue et lui permettre de reprendre une croissance interrompue. »

pressentons, pour ne pas être attrapés trop brusquement par l'inouï. Ainsi va l'amour quand il est de foudre. Il offre tous les dépaysements possibles au détour de la rue d'à côté[1]. »

1. Anne Dufourmantelle, *En cas d'amour. Psychopathologie de la vie amoureuse*, Payot et Rivages, Petite bibliothèque, 2012, p. 157.

Faire une place en soi

Ce plaisir d'une vie secrète se retrouve également dans l'expérience des femmes qui vivent sereinement leur grossesse[1]. N'y a-t-il pas, là aussi, une présence dédoublée à deux mondes en même temps, intérieur et extérieur, à deux types de manifestations, visibles et bruyantes ou tangibles et silencieuses ? Par quel tropisme amoureux la femme enceinte se détourne-t-elle du spectacle du réel pour être toute attentive à ces chuchotements du corps, ces signes à peine perceptibles, ces frémissements d'un être en devenir, plus précieux désormais que ce qui s'affiche massivement devant elle ? On sait quel peut être l'investissement psychique pour cet enfant à naître vers lequel se tournent nos pensées, nos préoccupations, nos projections. On perçoit ces mouvements dans le secret de son corps, dans une intimité dissimulée au reste du monde. Quelle autre expérience offre une telle co-présence ? Cette présence intérieure peut être si joyeusement obsédante qu'elle nous distrait du monde extérieur, nous revenons sans cesse vers elle. Les mains

1. Adèle Van Reeth, *La vie ordinaire*, Gallimard, 2020, p. 113 : « La réalité est devenue cachottière, elle présente l'existence nouvelle sous forme de secret. »

que la « future » mère (ne l'est-elle pas déjà ?) pose sur son ventre sont une réponse à l'attention que sollicite l'enfant en elle. Il ne s'agit pas d'une projection, d'un fantasme maternel, d'une imagination amoureuse de la mère pour son enfant, mais d'une relation presque invisible et qui pourtant peut être si intense qu'elle affadit et déloge les visibles de leurs places privilégiées. La femme enceinte, comme l'artiste bergsonien ou comme l'ami maladroit, est « distraite ». Sa conscience est tout entière tournée vers cette subjectivité naissante en elle, dans un dialogue silencieux instauré bien avant l'apparition de l'enfant.

Cette présence est presque plus intime que ma présence à moi-même, plus intime en tout cas que ne le sera jamais aucune autre. Il est sans doute étrange de retrouver ici les termes mêmes de saint Augustin dans ses *Confessions*, lorsqu'il parle de l'immanence divine. Mais c'est bien d'une joie de l'extension de l'être, d'une intensité du sentiment de présence qu'il parle aussi[1]. Ne ressent-on pas, d'une autre manière, dans certaines expériences de grossesse, cette expansion du cœur, cette *dilatatio cordis,* cette intensification de l'existence au contact d'une présence en soi ?

1. Comme l'analyse avec tant de poésie le philosophe Jean-Louis Chrétien dans son ouvrage *La joie spacieuse, Essai sur la dilatation*, Minuit, 2007.

L'espace du dedans

> « Si on connaissait la sensation de base des autres, on serait toujours à l'aise avec eux. Ils se tiennent en effet de préférence dans certaines parties de leur être, n'occupant pas également la totalité de leur corps, mais seulement quelques places et positions privilégiées. »
>
> Henri Michaux, *Poteaux d'angle.*

Mais moi-même, suis-je seulement à ma place dans ma propre vie intérieure, dans mon propre corps ? Où suis-je finalement « chez moi » ? Dans *Poteaux d'angle*, Henri Michaux interroge les « places » que nous occupons en nous. À quel endroit suis-je ? Dans ma tête, dans mes jambes, dans mon estomac ? Dans quel état d'excitation, de nostalgie, de fatigue ou d'ennui ? Il y a sans doute un « espace du dedans » où je me tiens, qui est « ma sensation de base », comme un socle émotionnel qui constitue mon habitude d'être, une sensation intérieure qui serait ma forme ou ma silhouette psychique, si on peut dire les choses ainsi. Chacun de nous se tient ainsi dans une partie de son être, sans que l'on puisse l'identifier du dehors. Comment m'adresser à un homme qui se tient dans ses mains si je me tiens dans mes yeux ? Il approche le monde de manière tactile, je l'aborde à distance. Nos orientations sensibles, nos inclinations affectives, sont autant de plis corporels, autant de manières de nous rapporter au monde, autant de foyers qui brillent avec plus ou moins d'intensité. Notre être est polarisé, aimanté de mille façons par des sensibilités, des blessures et des envies qui nous placent et déplacent vers des lieux intimes très différents. La douleur me déporte de la tête aux pieds, je ne peux plus réfléchir, je suis piégé dans cette entorse. La souffrance physique ou psychique me déloge de la place intérieure où je demeure habituellement. Elle tord l'architecture intime, la froisse, la contracte.

Il y a dans l'espace du dedans des zones blanches, que je n'occupe pas, des zones inexplorées, comme il y a des muscles inexploités ou des organes dont j'ignore la localisation précise. Certains vécus affectifs qui me resteront à jamais étrangers ; des formes de colère ou d'exaltation, de fierté ou d'ambition demeurent pour moi abstraites. Que puis-je comprendre de celui qui est habité, hanté par ces sentiments ? Que puis-je savoir du lieu invisible où se tient celui à qui je m'adresse ? Autrui est peut-être condamné à rester pour moi une « énigmatique personne d'en face[1] », séparée par cette distance. Je ne pourrais alors jamais vraiment me mettre à la place de quelqu'un d'autre, même s'il m'est proche. Quelle empathie, quelle sympathie puis-je réellement éprouver ?

1. Henri Michaux, *Poteaux d'angle*, Gallimard, Poésie / Gallimard, 1981, p. 32.

Si je savais où l'autre se trouve, dans quel palais de l'âme ou dans quel ventre obscur, si j'avais accès à cette « place » qui est la sienne, à son état intime, je pourrais peut-être m'accorder à sa disposition intérieure et m'adresser à lui en des termes qui résonnent. Mais mes paroles se perdent dans le vide d'un lieu désert, un lieu où je crois pouvoir l'atteindre, mais qu'il n'habite pas. Je le crois triste et il est en colère, je le crois amoureux et il est déjà détaché, je lui prête des sentiments flous, que je crois reconnaître, du haut de ma seule expérience. Je ne fais jamais que projeter sur lui des affects qui me sont familiers et que je relie à la situation qu'il traverse. Mais je parle toujours en étant situé, à une certaine place. Je n'accède jamais vraiment à son paysage intérieur et l'être même le plus proche demeure une énigme, une question, une surprise. Il peut m'aimer autant que me trahir. Le plus proche de nous n'est d'ailleurs pas forcément celui que l'on croit. La manière dont s'alignent les places habitées intimement par les uns et les autres, la manière dont les mélodies s'accordent ne tient pas nécessairement aux lieux que nous habitons réellement, extérieurement, dans l'espace ou dans la société.

Faut-il alors renoncer à comprendre autrui ? Sommes-nous à jamais extérieurs à la place intime qu'il occupe ? Michaux répond par son œuvre même à la question qu'il ouvre. Si certains philosophes affirment l'incommunicabilité d'un vécu intérieur, si Michaux lui-même doute de cet accès possible à la « place » de l'autre, ses poèmes pourtant opèrent en nous ce déplacement sensible. Par les images de démesure qu'il emploie, les collisions lexicales, la violence du vocabulaire, Michaux nous installe brutalement à la place de celui qui souffre. La puissance du poème, comme celle du roman ou du film, est précisément celle-ci : nous déplacer, par de subtils glissements ou dans une grande claque, à une place que nous n'avons jamais occupée et qui pourtant nous paraîtra familière, le temps d'une lecture ou d'une projection. C'est la puissance de l'œuvre que de nous déloger, nous faire sortir de nous-mêmes et de nous rendre sensibles et accessibles d'autres vies, d'autres places que la nôtre. Si Michaux affirme la « propriété personnelle » de cette « demeure assez particulière à chacun pour qu'un autre ne puisse la connaître, ni même la deviner, encore moins la ressentir[1] », la réception de son œuvre tend à le contredire. Nous accédons un peu au mystère des propriétés d'autrui par sa poésie.

Suis-je capable de dire où je me situe dans cette cartographie intérieure sensible ? Ma place n'est-elle pas, elle aussi, incertaine, déplacée au gré des rencontres, des vents qui tournent, des oscillations affectives ? Nous n'avons de notre propre place qu'une idée imprécise. Ma place, ma base intérieure est un centre mouvant, une habitude d'être, constante dans l'amplitude de ses variations, régulière dans ses dérives. Cette tonalité d'être est mélancolique ou insouciante, tourmentée ou confiante. Elle constitue un point de retour et d'arrivée :

« Leur centre, cette approximative base changeante, qui a ses habitudes, ses cycles, ses irrégularités, qui la

1. *Ibid.*, p. 32.

rend quasi personnelle. Là où ils se retirent. Là d'où ils repartent pour irradier, centre mouvant peu sensiblement ou insensiblement déplacé[1]. »

Constituée de mes propriétés, elle est « cette zone vague, mais forte, demeure assez particulière à chacun », mon terrain familier, celui où je me retrouve, dans tous les sens du terme[2]. Cette place indécise et floue est obstinément la mienne. Je ne peux la confondre sans me confondre, affirme Michaux. Il n'y a, une fois encore, que le désir qui m'en déloge brusquement, m'emportant dans des tours du monde auxquels je ne comprends rien et m'abandonnant, complètement perdu :

« Mais voici que vient une femme du dehors ; et me ciblant de plaisirs innombrables, mais si rapprochés [...] et m'emportant dans beaucoup, beaucoup de fois le tour du monde... [...] promptement harassé donc de tant de voyages où je ne comprends rien, et qui ne furent qu'un parfum, je me sauve d'elle, maudissant les femmes une fois de plus, et complètement perdu sur la planète, je pleure mes propriétés[3]. »

1. *Ibid.*

2. *Ibid.* Voir aussi « Mes propriétés », *L'espace du dedans*, Paris, Gallimard, Poésie/Gallimard, 1998, p. 42-43 : « mes propriétés qui ne sont rien, mais qui représentent quand même un terrain familier [...] c'est nettement *mon terrain*. Je ne peux pas expliquer ça, mais le confondre avec un autre, ce serait comme si je me confondais avec un autre, ce n'est pas possible. »

3. Henri Michaux, « Mes propriétés », *op. cit.*, p. 42.

Habiter son corps

> « Mais où est-elle, notre vie ?
> Où est notre corps ?
> Où est notre espace ? »
>
> Georges Perec, *L'infra-ordinaire.*

Je regarde les corps des autres, précis, distincts, aux contours bien dessinés. Mon corps, lui, me paraît flou. Pas de lignes bien tracées, de limites clairement définies mais une chair molle, un corps hésitant, suivant paresseusement les courbes des vêtements qui le contiennent, comme s'il avait renoncé, ce corps, à toute affirmation, à toute revendication de présence. Comme s'il avait délaissé la forme, se contentait de n'être que chair, masse. Comme s'il n'était que matière, sans tension, ni traits saillants, sans éléments d'identité. Comme s'il n'était que poids, pesanteur, charge, que je peine à habiter, à vivre en première personne. Je n'en peux plus de ce corps.

Qui parle ? Celui dont le corps, parce qu'il est malade, vieillissant, du mauvais genre, ne s'y reconnaît pas ou plus, celui qui le supporte avec difficulté, le subit comme une contrainte, dans un sentiment d'étrangeté, de colère ou de douleur. Ce corps, parfois, je voudrais m'en défaire comme d'une vieille carcasse, je rêve de mue, de métamorphose animale. Je rêve de m'éveiller tout autre, allégé de cette enveloppe qui ne dit rien de moi, me trahit, m'obsède. J'aimerais me libérer de ce corps qui m'enlaidit. Ne pas se sentir à sa place, c'est aussi et peut-être même d'abord se sentir mal dans sa peau. Détester son apparence, scruter les changements de son corps avec inquiétude, à treize ans ou à cinquante. Comment supporter, se demande Michel Foucault, le face-à-face avec soi, lorsque notre propre image, Narcisse moqueur, semble nous humilier :

« [T]ous les matins, même présence, même blessure ; sous mes yeux se dessine l'inévitable image qu'impose le miroir : visage maigre, épaules voûtées, regard myope, plus de cheveux, vraiment pas beau. Et c'est dans cette vilaine coquille de ma tête, dans cette cage que je n'aime pas, qu'il va falloir me montrer et me promener ; à travers cette grille qu'il faudra parler, regarder, être regardé ; sous cette peau, croupir[1]. »

Comment s'habituer à une enveloppe que l'on trouve si laide ? J'ai parfois l'impression de ne pas être dans le bon corps, celui qui serait l'expression de ma véritable identité. Je souffre de mon corps comme d'un vêtement mal taillé, de mauvais genre, qui tombe sur moi tel un déguisement ridicule. Ce corps qui n'est plus que honte, maladresse, lenteur ou souffrance, je voudrais le redessiner, le remodeler, le raboter.

1. Michel Foucault, *Le corps utopique, Les Hétérotopies*, Gallimard, Nouvelles lignes, 2019, p. 10.

« Il étend la surface de son corps pour se retrouver.
Il renie la présence de lui-même pour se retrouver[1]. »

Je voudrais me saisir de cette masse informe et la reprendre en main, je voudrais l'habiter et ne plus en être prisonnier. Je voudrais que ce corps, au lieu de me défigurer, manifeste celui que je suis à l'intérieur, au dedans. Je voudrais changer de corps, je rêve de m'en extraire.

« J'ai brisé la coquille
simple je sors du carcel de mon corps[2]. »

Ce corps m'épuise. Je m'échine à lui donner une forme qui s'effondre comme un château de sable. Je ne peux vivre mon corps tel qu'il est (puisqu'il faut cacher la laideur, la fatigue, la maladie, le handicap, les différences stigmatisantes) ou tel que j'aimerais qu'il soit (moins féminin, moins masculin, moins genré, moins marqué par les épreuves), je tente sans cesse de me conformer aux stéréotypes, aux idéaux ou à la simple « normalité ».

On aimerait se défaire des normes exigées par les proches ou par la société, qui s'imposent comme un carcan, plaqué sur mon corps. Michaux dit bien ce sentiment d'être arrimé à un corps d'injonction et ce besoin d'expulser cette forme hors de soi, pour s'en libérer définitivement.

« Un jour j'arracherai l'ancre qui tient mon navire loin des mers.

---

1. Henri Michaux, *La vie dans les plis*, Gallimard, Poésie/Gallimard, 2001, p. 179.

2. Henri Michaux, « Paix dans les brisements », *L'espace du dedans*, Gallimard, 1944, p. 320.

[...] J'expulserai loin de moi la forme qu'on croyait si bien attachée, composée, assortie à mon entourage, et à mes semblables[1]. »

On souhaite alors la catastrophe, la bascule radicale qui nous fait repartir de zéro, à ras de soi, dans une vérité nue. « Réduit à une humilité de catastrophe », selon l'expression de Michaux, on pourra espérer vivre ce corps autrement.

Mais mon corps, selon Foucault, est une « topie impitoyable[2] ». Ce « fragment d'espace » m'est définitivement assigné[3]. « Mon corps, dit-il, c'est le lieu sans recours auquel je suis condamné. » Je voudrais m'en défaire, « seulement voilà : je ne peux pas me déplacer sans lui ; je ne peux pas le laisser là où il est pour m'en aller, moi, ailleurs. Je peux bien aller au bout du monde, je peux bien me tapir, le matin, sous mes couvertures, me faire aussi petit que je pourrais, je peux bien me laisser fondre au soleil sur la plage, il sera toujours là où je suis. Il est ici irréparablement, jamais ailleurs[4]. »

---

1. Henri Michaux, « Clown », *L'espace du dedans*, *op. cit.*, p. 249.
2. Michel Foucault, *Le corps utopique*, *op. cit.*, p. 9 : « Mon corps, c'est le contraire d'une utopie, ce qui n'est jamais sous un autre ciel, il est le lieu absolu, le petit fragment d'espace avec lequel, au sens strict, je fais corps. Mon corps, topie impitoyable. »
3. *Ibid.* : « Ce lieu que Proust, doucement, anxieusement, vient occuper de nouveau à chacun de ses réveils, à ce lieu-là, dès que j'ai les yeux ouverts, je ne peux plus échapper. Non pas que je sois par lui cloué sur place – puisque après tout je peux non seulement bouger et remuer, mais je peux le « bouger », le remuer, le changer de place –, seulement voilà : je ne peux pas me déplacer sans lui. »
4. *Ibid.*

Comment sortir de cette « cage » qui m'empêche d'être moi-même ? Que faire lorsque je ne suis pas « chez moi » dans mon corps au point d'être tenté parfois de l'effacer, de l'abîmer, de le déserter[1] ? Comment aligner mon apparence extérieure et mon sentiment d'identité ? Certains tentent de remodeler leur corps par les vêtements, le sport, la chirurgie, les traitements hormonaux pour qu'intérieur et extérieur soient enfin dans le même axe. Parfois, se couper les cheveux, endosser de nouveaux habits suffisent à effacer ce qui paraissait de trop. On ôte les pelures superflues pour révéler une nouvelle identité pourtant présente intimement depuis longtemps. Parfois ce corps, si maladroit lorsqu'il était féminin, devient agile une fois masculinisé, libéré de ses entraves. Comme si ce corps féminin, mal ajusté, trop à l'étroit, le rendait gauche, de la même manière qu'un costume trop petit ou trop grand me rend facilement ridicule ou disgracieux.

Je peux aussi vouloir me réapproprier mon corps, lorsqu'il est un véritable champ de bataille, occupé par d'autres désirs ou d'autres projections que les miens[2]. La relation à notre corps est trop souvent médiatisée par le regard ou le discours d'individus qui n'en font pas l'épreuve quotidienne. Soumis à la brutalité des désirs sexuels d'autrui ou à l'autorité de discours scientifiques biaisés, certains d'entre nous expérimentent très tôt le

1. Sur ce point, voir l'analyse de David Le Breton sur les atteintes corporelles et les conduites à risque chez les adolescents dans *Disparaître de soi, une tentation contemporaine*, Métailié, 2015.

2. On pense ici au collage de la plasticienne américaine Barbara Kruger, *Untitled (Your body is a battleground)*, créé en 1989.

sentiment d'être dépossédés de leur propre expérience corporelle. Mon corps n'est plus mon territoire, il est comme annexé. Je me dissocie alors, intériorisant un discours qui produit un corps dans lequel je ne me reconnais plus. Ces corps, artificiellement produits, qu'ils soient traversés d'affirmations scientifiques, de préjugés racistes ou sexistes, de fantasmes sexuels, s'immiscent et troublent les perceptions propres des sujets. Il s'agit donc de penser une relation à soi qui ne soit plus faussée par des interprétations extérieures et d'accéder en première personne à son propre corps, en étant celui ou celle qui en énonce les expériences vécues.

Ici

Le corps est d'abord un « ici », un lieu contingent, accidentel dans lequel je suis coincé. Comme le disait Foucault, impossible d'en sortir, mon corps est le « lieu absolu » sans ailleurs possible. Il est la condition de cet ailleurs puisque « je ne peux me déplacer sans lui », mais reste le premier lieu, celui que je ne peux pas quitter. Ce sont les circonstances et le hasard qui l'ont fait mien. Il est ma situation, avec tout l'arbitraire que cela suppose, toute l'insatisfaction qu'on peut ressentir à se savoir ainsi identifié et réduit. Cet « ici » du corps dit l'arbitraire de cette place, l'aléatoire de mon apparence. C'est ce corps-là, ici, mais il aurait pu être tout autre. S'il est à l'origine contingent, il est pourtant définitif et me détermine. Je n'y échapperai pas. Je suis rivé à lui. Il n'est « jamais sous un autre soleil ».

Cet « ici irrémédiable » du corps, premier et contraint, excite le désir d'utopie, l'envie d'autres lieux. Il nourrit les rêves d'enveloppes légères, invisibles, immortelles. Pourtant, c'est bien à une autre appréhension de cet « ici » que nous reconduit Foucault. Car cet « ici » est temporel tout autant que spatial. Ici est aussi un adverbe de temps. C'est par l'incarnation que s'expérimente la présence, que j'habite pleinement l'instant. C'est dans la capture de la conscience par la chair, dans le corps saisi et réunifié par le désir, l'amour, la sexualité que le sujet se recompose. J'existe avec « toute ma densité », j'acquiers une « certitude ». L'accès à soi, dans son épaisseur et son intensité, à l'assurance d'être, c'est ce que me confère la présence aimante d'autrui, son contact habité d'une attention intense :

« Peut-être faudrait-il dire aussi que faire l'amour, c'est sentir son corps se refermer sur soi, c'est enfin exister hors de toute utopie, avec toute sa densité, entre les mains de l'autre. Sous les doigts de l'autre qui vous parcourent, toutes les parts invisibles de votre corps se mettent à exister, contre les lèvres de l'autre les vôtres deviennent sensibles, devant ses yeux mi-clos votre visage acquiert une certitude, il y a un regard enfin pour voir vos paupières fermées. L'amour [...] apaise l'utopie de votre corps, il la fait taire, il la calme, il l'enferme comme dans une boîte, il la clôt et il la scelle. [...] et si on aime tant faire l'amour, c'est parce que dans l'amour le corps est ici[1]. »

Ainsi je suis à ma place quand je suis « ici », situé, présent. Dans l'amour ou la sexualité. Quand je cesse d'échapper par la pensée, le souvenir ou la douleur à ma propre réalité, à ce lieu et à cet instant. Ainsi la présence à soi adviendrait dans ce qui est souvent pensé comme le principe de la distraction, du divertissement. On a beaucoup dit de la relation charnelle qu'on s'y oublierait. Je chercherais à y disparaître, dans un désir archaïque de

1. Michel Foucault, *Le corps utopique*, *op. cit.*, p. 19-20.

dissolution et de fusion avec l'autre[1]. Bien au contraire, dit Foucault, je me retrouve enfin, je me replie sur moi-même, dans un retour à soi heureux, dans une coïncidence. Mon corps se referme sur lui-même, il fait corps, il redevient place. Il cesse de m'échapper, il se constitue en unité close, pleine, dense grâce à l'intensité de l'amour, grâce aux mains de l'autre, qui lui donnent ou lui redonnent forme, identité et vie.

Ainsi, comme le dit très justement la psychanalyste et romancière Sarah Chiche, le corps de l'amant me contient et par ce « holding », me recompose, me réunifie, me réconcilie même peut-être avec moi-même. Il faut ce frottement des peaux, ce recouvrement des corps pour les habiter de nouveau, dans l'intensité d'une présence redoublée à soi et à l'autre :

« Il me recouvre complètement, de la racine des cheveux aux orteils, ses jambes sur mes jambes, son ventre sur mon dos, ses bras sur mes bras. [...] Entre ses mains, par son amour, dans son regard où il me rêve et me tient toute, enfin, je me recompose[2]. »

C'est ce contact aussi qui nous maintient en vie, quand le fil est ténu, quand l'existence est incertaine et que tout est si précaire, au début d'une vie minuscule ou dans l'épuisement de la toute fin. C'est ce contact entre les corps, dans la transmission de la chaleur, l'écho des battements de cœur, dans le peau-à-peau qui soutient

1. *Cf.* Georges Bataille, *L'érotisme*, Minuit, 1957.
2. Sarah Chiche, *Les enténébrés*, *op. cit.*, p. 130.

l'enfant prématuré dans son effort vital. C'est le toucher aussi qui réconforte la personne mourante dont je tiens la main. Au début ou à la fin de ces vies fragiles, dans cette hésitation de l'être, il est « demandé à la peau de répondre[1] ».

Le corps de l'autre m'embrasse, m'emmaillote, il constitue comme une seconde peau, qui me réunifie. Je ne sens jamais autant la réalité de mon corps que lorsqu'un homme s'allonge de tout son long sur moi ou qu'un enfant se blottit contre ma poitrine, même s'il ne pèse que quelques centaines de grammes. Nos peaux se réchauffent, ce contact nous ravive. Peut-être est-ce le propre de la sexualité, peut-être s'agit-il de l'amour ou de la puissance des échanges des chairs ou des épidermes, de leur énergie. Peut-être est-ce déjà la simple capacité d'une main posée sur une épaule, caressant un visage ou en serrant une autre ; capacité à rassurer, apaiser celui qui souffrait de fragmentations intérieures, de l'incertitude d'être.

Ici ou ailleurs, où est alors ma place ? On se sent à sa place sans doute dans l'amour, grâce aux gestes d'affection. Grâce à ce sentiment d'une chaleur intérieure, grâce à l'intensité de cette présence à soi et à l'autre qui nous traverse, grâce à cette évidence de notre légitimité, de notre nécessité à cette place. Cette place est bien la mienne, c'est bien là que je dois être, mon existence et ma présence ici ont un sens singulier. Dans l'amour, je suis

---

1. Selon l'expression de Roland Barthes, *Fragments d'un discours amoureux*, in *Œuvres complètes, V*, Seuil, 2002, p. 97.

irremplaçable. Auprès d'un parent malade, auprès d'un enfant né trop tôt, auprès de celui ou celle que j'aime, quelle que soit la forme de cet amour, quelle que soit la nature de cette relation dans laquelle il s'incarne et se décline.

Le jeu des sept familles

Où suis-je sur la photo de famille ? À quoi ressemble mon arbre généalogique ? Quelle est ma place dans ce grand puzzle des emboîtements familiaux ? Qui se cache dans la dernière matriochka ? Jamais on n'a autant pensé l'histoire familiale et ses effets que depuis le XXe siècle. Multiplication des récits autobiographiques, romans familiaux, traque des secrets ; en littérature comme dans différentes branches psychologiques ou psychanalytiques, l'appartenance familiale semble un passage obligé de la réflexion sur soi. Si, comme le dit la chanson, « on ne choisit pas ses parents, on ne choisit pas sa famille », faut-il pour autant lui attribuer une irrésistible puissance de détermination ? Est-ce vraiment le vécu de mes aïeux qui décide de la place qui m'incombe, de la tonalité affective de ma vie, des plis de mon caractère, des écueils de mon existence ? Est-ce l'ordre des naissances, la fragilité psychique d'un parent, l'existence tragique d'un autre qui me définissent psychologiquement ? On pourrait affirmer au contraire, avec Gilles Deleuze et Félix Guattari, la possibilité d'échapper au petit théâtre familial, à une lecture parfois myope de notre histoire, oublieuse de la puissance d'attraction des horizons lointains et ouverts. Regarder au large plutôt que fouiller les placards empoussiérés, interroger la place de l'altérité dans notre histoire au lieu de se définir dans la familiarité et la répétition. Changer d'angle, changer de refrain. Mélanger les cartes et imaginer autrement le jeu des influences et des affinités. Pourquoi ne pourrait-on pas aussi choisir ses appartenances ?

On se croit prisonnier d'une lignée, d'une histoire familiale. Certes, parfois, l'héritage est si lourd qu'il nous fait ployer. Il ne s'agit pas de le nier. Mais nous sommes issu de deux lignées, connues ou inconnues, réelles ou fantasmées. Et si nous écrivons toujours mentalement notre récit en composant avec ceux du passé, il y a peut-être une plus grande part de liberté que nous ne le croyons. Jusqu'à quel point faut-il admettre que ceux qui nous précèdent nous déterminent ? Il y a évidemment des histoires familiales tragiques qui s'inscrivent profondément en nous. Mais selon la romancière Lydia Flem, l'on peut aussi considérer notre double origine autrement :

« C'est une grande chance d'avoir deux parents, d'être né(e) d'une double généalogie. D'une génération à l'autre, entre répétitions et ruptures, d'autres motifs peuvent se dessiner, de nouvelles combinaisons surgir. Les cartes se redistribuent. Tout n'est pas joué. Une part d'impertinence appartient à chacun, à chacune. Un peu de lest. Un autre regard sur les choses. Transformer le mythe familial. Ajouter son grain de sel. Prendre de la distance. Déplacer l'angle de vue[1]. »

1. Lydia Flem, *Comment je me suis séparée de ma fille et de mon quasi-fils*, Seuil, 2009, p. 57-58.

S'inscrire dans deux généalogies, c'est déjà disposer de deux manières d'imaginer son histoire mais, surtout, comprendre qu'il y a différentes façons de la raconter, de la vivre. Il n'y a pas qu'une seule ligne. Le rapport au passé serait alors comme une libre composition, une combinaison aléatoire dont on peut remodeler les éléments, comme on peut jouer avec les mêmes cartes à plusieurs jeux, selon des règles variées. Notre histoire n'est pas le bloc monolithique d'une seule vérité, le sillon d'une seule voie. L'impertinence dont parle Lydia Flem, cette liberté que chacun peut s'accorder, tient dans ce décalage volontaire : ne pas correspondre exactement aux attentes, prendre les chemins de traverse, refuser l'héritage.

Peut-être faut-il s'arrêter sur ce terme d'impertinence. Est pertinent, au sens étymologique, ce qui me concerne, ce qui me cerne. Être impertinent, c'est alors sortir du cercle qu'on a pu dessiner autour de moi, aller voir ailleurs, oser se mêler de ce qui ne me regarde pas, se moquer des traditions.

Certains parleront d'une trahison, d'autres seront déçus. C'est peut-être l'effet inévitable d'une lecture toujours singulière que chacun fait de cette redistribution des cartes, de cet entre-deux qui est le nôtre, pris entre deux histoires, comprises ou mal assimilées. Naître, c'est déjà être pris entre des lignes, des ramures, des branchages. Grandir, c'est composer, combiner les éléments disparates issus d'histoires différentes, c'est créer, dans cet équilibre précaire, une place pour soi qui ne nous préexiste pas. L'enfant qui perçoit progressivement les dissonances dans ces différentes manières de vivre, tente de les concilier ou apprend à jouer avec elles.

L'impertinence tient alors au fait de se conjuguer autrement. Se saisir d'un motif de ces histoires familiales et le décliner à sa façon. Voir des indices plutôt que des chemins, identifier l'esquisse d'un mouvement et le déployer, réaliser ce qui est resté en suspens.

« Ma mère et ma grand-mère se tiennent pour moi dans une lignée de femmes "éclipsées volontaires". Elles avaient un potentiel assez fort d'autonomie, d'indépendance, mais elles sont restées dans l'ombre[1]. »

Devenir cette femme libre qui affleure dans le récit des aïeules comme un rêve impossible. Reprendre cette audace, se penser autrement, et la réaliser. Ne peut-on pas en partie choisir ce dont on hérite ?

Je n'ai pas toujours ce luxe d'élire la manière dont je m'inscris dans une lignée, de choisir les figures de référence. Parfois des secrets douloureux du passé me tombent dessus comme une vieille bâtisse en ruine, comme une malédiction. Mais je peux aussi, dans des cas moins tragiques, me rapporter à mes histoires familiales comme à autant de possibles, autant d'expérimentations de l'existence, me nourrir de ces récits et me ressaisir de ce qui fait sens à mes yeux. Faire apparaître dans la lumière ce qui est resté éclipsé : assumer l'indépendance que les femmes des générations précédentes n'ont pu connaître, oser la carrière artistique à laquelle ma mère a

1. Anne Dufourmantelle, Laure Leter, *Se trouver, Dialogue sur les nouvelles souffrances contemporaines*, JC Lattès, 2014, p. 12.

dû renoncer. Prendre le risque qui paraissait impensable, inimaginable pour les générations précédentes. Ainsi on trouve sa place dans une lignée par le léger pas de côté qui nous en fait dériver. Nos aïeux, alors, sans en avoir conscience, nous auraient préparé la voie. Peut-être ont-ils insensiblement incurvé notre chemin en signalant discrètement des brèches où l'on ose se faufiler. Certains parcours commenceraient bien dans la vie des générations précédentes, dans leurs espoirs et leurs aspirations. Nous réalisons sans forcément le savoir les rêves d'autres vies, antérieures à la nôtre.

Scier la branche

On peut aussi soutenir, plus radicalement, comme le propose François Noudelmann, qu'il est nécessaire de sortir du « paradigme généalogique[1] ». Dans un ouvrage court et stimulant, intitulé *Hors de moi*, le philosophe met en garde contre l'obsession contemporaine de la continuité, contre la logique d'une identité enracinée. On se laisse trop souvent entraîner dans le « défilé des spectres », on s'enferme dans une histoire qui n'est pas la nôtre, mais celle de nos ancêtres, pour trouver un sens, sans chercher trop loin. Si cette attitude témoigne d'une certaine paresse voire d'une indécence aux yeux de Noudelmann (lui-même n'oserait pas se revendiquer « fils de rescapé »), il souligne surtout la violence de cette assignation, lorsqu'elle est imposée de l'extérieur, lorsque l'on se voit systématiquement renvoyé, comme à des principes explicatifs de ses comportements et de ses choix, à l'origine de son nom, à l'histoire de ses ancêtres, même lointains. Quelle est la légitimité de cette logique généalogique, qui contamine les domaines sociaux, politiques et psychologiques ? Comment, se

1. François Noudelmann, *Hors de moi, Variations III*, Éditions Léo Scheer, 2006, p. 9.

demande Noudelmann, « résister à cette injonction généalogique » ?

« Quelle place donner à ceux qui n'y ont pas leur place, à ceux qui ne s'y retrouvent pas ? Sans doute faudra-t-il se déplacer, surtout de soi-même[1] ? »

On comprend bien qu'il ne suffit pas de se défaire d'un schéma de lecture, de se débarrasser du paradigme généalogique, mais plus généralement, d'envisager différemment le sens que chacun donne à son existence. Choisit-on d'adhérer à une explication de soi qui trouve son origine dans la vie de nos aïeux ou faut-il, comme le suggère le philosophe, penser un « hors de soi » libéré de toutes les formes d'ascendance et défini dans le déplacement, plutôt que dans la trace ; dans la dérive plutôt que le sillon ? Le sujet s'élabore dans le mouvement, dans la circulation, bien plus que dans la circularité close de la répétition[2]. Pour le dire autrement : dans la rupture plutôt que la continuité.

« Risquer sa vie hors du moi que les arbres de la légitimité nous imposent d'être. Déjouer les sommations pour que du soi devienne possible, précaire et révocable, choisi et négocié, où le présent se nourrit de mémoires adoptées[3]. »

C'est bien l'authenticité – et l'incertitude fondamentale – du sujet qui se joue dans ce risque. C'est sa fluidité, ses variations, sa possibilité d'être autre, la possibilité

1. *Ibid.*, p. 12.
2. *Ibid.*, p. 15 : « reprendre la main, faire circuler le sujet. »
3. *Ibid.*, p. 13.

même d'un devenir et d'une liberté qu'il s'agit de préserver ainsi. Ces mémoires auxquelles je puise, je n'en hérite pas, je les adopte. Je m'y rapporte, autant que possible, avec distance. Dans cette optique, mon héritage est une élaboration personnelle, où les voix anciennes ne s'imposent pas à moi, mais murmurent des récits que je choisis ou non d'écouter. Lorsque le passé hurle à mes oreilles, il est pur traumatisme. Mais dans la plupart des histoires, je suis sans doute plus libre par rapport au passé de mes familles que je ne le crois.

« Chacun s'arrange avec ses configurations, ses héritages et non-héritages, ses identifications mouvantes, son bricolage intime[1]. »

Certains, pourtant, se greffent sur une branche, se reconnaissent dans une lignée et semblent vivre par procuration. Noudelmann décèle dans cette manière « d'endosser une autre vie, d'autres affects[2] », le reflet d'un égocentrisme et s'interroge sur ce pli que nous prenons facilement : celui qui nous pousse à nous reconnaître dans les traits comme dans les agissements d'un aïeul, comme si nous ne faisions jamais que redoubler une existence déjà vécue. Quels rôles jouent ces vies dans la nôtre ? Sont-elles des consolations, des excuses ? Les rapprochements ne sont-ils pas forcés, exagérés par un désir d'appartenance, par une peur de la solitude et de l'inédit ? Risquer d'être soi sans les étayages d'un passé familial, déjouer la mauvaise foi qui regarde en arrière

1. *Ibid.*, p. 15.
2. *Ibid.*, p. 26.

seraient alors les conditions d'une authenticité et d'une autonomie du sujet. Et même, d'une respiration. La logique généalogique, comme les vieux papiers poussiéreux, nous asphyxie. « Assumer une identité ancestrale », c'est « réduire sa mémoire au récit familial[1] ». Ma place ne se résume pas au fait d'être perché sur une branche généalogique.

Il importe aussi de bien saisir l'importance d'autres figures que familiales, de « donner place à des êtres extérieurs à la maisonnée, à des personnages rencontrés à l'école, dans la rue, en voyage et qui ont eu une influence décisive[2] ». Nos vies, heureusement, ne s'arrêtent pas au seuil de nos maisons.

« Ces êtres rencontrés dans la vie, hors des lignées, ne provoquent-ils pas des transmissions et des héritages souvent plus décisifs que ceux des ascendants[3] ? »

Un professeur, un camarade, une bande d'amis ou un personnage de roman font surgir l'idée de la différence, l'altérité et nous libèrent du trop familier. Les filiations sont aussi affectives et imaginaires. Un visage étranger ou une parole neuve font éclore de nouvelles arborescences. Se dessine une cartographie des influences intimes. Ainsi se tracent « les contours d'une constellation fluide permettant de suivre des relations, des mémoires, des affects sédiments qui peuplent la vie présente[4] ». Dans une « éthique de la filiation » empruntée à Montaigne, Noudelmann

1. *Ibid.*, p. 15.
2. *Ibid.*, p. 31.
3. *Ibid.*, p. 27.
4. *Ibid.*, p. 31.

prône cette « construction d'une transmission élective et affective[1] ».

Notre identité est tissée de voix confuses et entremêlées, dont la provenance est indécise. « Combien d'autres voix courent sous la direction du moi ? » se demande Noudelmann[2]. Nous reprenons sans le savoir des intonations, des rythmes, des sonorités qui nous ont marqués, notre parole est habitée du souffle des autres, elle résonne de leurs murmures et de leurs échos. Ces voix nous traversent et nous interpellent. Elles nous appellent non pas, au sens où elles nous nommeraient, mais elles s'adressent à nous, à quelque chose en nous qu'elles éveillent[3]. Pourtant cet écho est troublant. Ces paroles ne sont pas rassurantes et familières, elles font « irruption par [leur] dissonance » :

« Les dissonances venues de toute part nous suggèrent de parler sur un autre ton, elles nous incitent à sortir de la répétition d'un même objet de désir car elles nous décalent et nous désaccordent de nous-mêmes[4]. »

Parler sur un autre ton, c'est reprendre cette injonction à rebours et s'autoriser précisément à parler autrement. C'est, dans cette expérience du désaccord, s'approprier sa voix, ne plus laisser les autres parler pour nous. Sortir du paradigme généalogique, c'est alors bien sortir de la place qu'on nous assigne et élargir notre marge de manœuvre,

1. *Ibid.*, p. 27.
2. *Ibid.*, p. 103.
3. Sur ce « flux de voix » voir l'intégralité de la très belle page 102.
4. *Ibid.*, p. 103.

affirme Noudelmann[1]. C'est dans le déplacement, dans « l'épreuve de tout ce qui nous fait sortir de nous-mêmes » que se joue la constitution du sujet. Ce qui nous suspend, nous extrait de cet ordre des places, nous libère :

« Les ruptures causées par une douleur ou une révolte découvrent ainsi la liberté d'agir autrement qu'en répondant à la détermination des positions familiales ou sociales. »

1. *Ibid.*, cette idée et les citations suivantes se trouvent p. 109-110.

Les chaises musicales

« Aucun personnage caché en coulisses n'a frappé les trois coups pour annoncer l'apparition de ce nouveau décor pourtant presque identique au précédent. Quelque chose a bougé. Les meubles, le plancher, les objets, les affaires. Tout est bien à sa place mais la perception a changé. [...] ils emménagent pour la deuxième fois dans le même espace[1]. »

Au fil des heureux événements ou des accidents de la vie, l'ordre usuel des places instauré par la filiation ou les habitudes familiales est bouleversé. Il suffit d'une naissance pour que le monde bouge et que les décors changent. L'occupation nouvelle des lieux n'est pas anecdotique. Elle nous rappelle qu'une famille est une constellation mouvante. Changer de chambre, s'installer au rez-de-chaussée, réaménager le bureau, construire une annexe ; tous ces déplacements ou ces travaux signifient la dynamique heureuse ou inquiète d'une famille. Parallèlement, les places symboliques bougent, elles s'inversent, s'échangent. La transformation des rapports de protection et de soin, mais aussi de pouvoir et de domination modifie la nature des liens

1. Valérie Mréjen, *Troisième personne*, P.O.L, 2017.

entre parents et enfants, frères et sœurs. Organiser les réunions familiales, se souvenir des anniversaires, payer l'addition, autant de signes de notre place et de notre implication dans la dynamique familiale. La réussite, l'argent, la notoriété, les naissances mais aussi les épreuves de la vie, les aléas professionnels et affectifs viennent redéfinir le type de rapports, d'attention, de présence partagés par les membres d'une famille. Qui s'occupe du père malade, qui rend visite au frère handicapé ? Les différentes étapes de l'existence, l'allure à laquelle on saute d'une case à l'autre, les moments où l'on a l'impression de reculer sur l'échiquier, ceux où l'on refuse les règles imposées, font que la répartition des places symboliques ne cesse jamais de se moduler au cours du temps. Comment se jouent les revanches ou les arbitrages dans ce jeu des familles ? Qu'est-ce qui rebat les cartes ?

La vieillesse, la maladie, la dépression ne nous permettent parfois plus de tenir notre place et bouleversent les relations de soin ou de protection. Devenir le parent de son père, de sa mère ou de son frère, soigner son conjoint comme un patient, et dans les situations les plus éprouvantes être amené à le regarder ou à être regardé par lui comme un étranger, sont autant d'épreuves qui transforment ou effacent tragiquement les liens d'affection. Qui prend soin de qui ? Des auteurs comme Hélène Cixous, Annie Ernaux, des psychiatres comme Donald Winnicott ou des philosophes comme Michel Malherbe ont traité de cette modification majeure de la relation au parent ou au compagnon de vie[1]. La thématique de la mère dépressive ou maltraitante a fait l'objet de nombreuses réflexions psychologiques et, plus récemment, de récits ou de romans[2]. Une mère peut dévorer, tel Saturne, ses propres enfants. Des adolescents prennent le relais de parents défaillants auprès de leur fratrie[3]. Quel blanc laissera dans leur histoire cette place inoccupée de l'enfance insouciante ou de l'adolescence égocentrée ? Peut-on rattraper ces moments perdus ?

Des questions symétriques se posent lorsque l'accident ou la maladie me rendent incapable de prendre soin des miens. Qui suis-je quand je ne suis plus en mesure de m'occuper de mes enfants ? Suis-je encore un père, se demandait le philosophe Jean-Luc Nancy, dans *L'intrus*, lorsque l'épreuve combinée de la greffe et des pathologies associées lui interdisait d'occuper toutes les places de philosophe, de mari, de père qui faisaient son identité[4]. Je suis comme l'enfant qui se retrouve sans place, au moment où la musique s'arrête, au jeu des chaises musicales.

Certaines places, tragiques, sont si intenables, si scandaleuses qu'elles n'ont, dans certaines langues, même pas

1. Nous avons déjà abordé ces questions et ces références dans *Rupture(s)*, Éditions de l'Observatoire, 2019, p. 123 et suivantes.

2. On peut penser entre autres à Donald Winnicott (*La mère suffisamment bonne*, Paris, Payot, Petite bibliothèque, 2006), à Anne Dufourmantelle (*La sauvagerie maternelle*, Rivages Poche, Petite bibliothèque, 2016), Lionel Duroy (notamment *Le Chagrin*, Paris, J'ai lu, 2011), ou Sarah Chiche (*Les enténébrés, Saturne*, *op. cit.*).

3. Salomé Kiner, *Grande couronne*, Christian Bourgois, 2021.

4. Jean-Luc Nancy, *L'intrus*, Galilée, 2000, p. 41.

de mot pour les désigner, elles restent taboues. Il n'y a pas de mot en français pour nommer un parent endeuillé, orphelin de son enfant perdu. Parfois au contraire, les mots existent et on aimerait ne pas les avoir entendus, parce qu'ils nous font violence ou résonnent de manière tragique. Quelle est notre place quand on est un « accident » ou un « bâtard », enfant non désiré, fruit d'une relation secrète, interdite ou d'un rapport forcé ? Qui suis-je lorsque je « remplace » un disparu dont mon prénom porte parfois l'écho ou quand je viens après un frère ou une sœur mort(e) prématurément[1] ?

Ces séismes familiaux nous obligent à redéfinir la place que nous souhaitons confusément occuper sans être encore parvenus à nous décider. Dans son roman *Avant que j'oublie*, Anne Pauly analyse la mort de son père comme l'événement qui lui fait prendre conscience de l'urgente nécessité de partir, d'« embrayer ». Elle décrit avec humour et sensibilité ce que le deuil modifie en elle, la manière dont il fait bouger les places des uns et des autres, ce qu'il bouscule intimement. La narratrice réalise soudainement que son existence stagne, qu'elle fait du surplace :

« Et si j'avais eu moins peur d'avancer, moins peur d'y aller, d'embrayer au sens propre comme au figuré, peut-être que j'aurais pu foncer seule sur l'autoroute, en direction du CHU de Poissy, dans ma petite Peugeot 206

1. C'est l'une des questions que pose Annie Ernaux dans *L'autre fille* (Paris, Nil, 2011) où elle raconte sa découverte d'une sœur aînée, décédée prématurément à l'âge de six ans, avant la naissance de l'écrivaine.

blanche au lieu d'attendre bêtement que l'on vienne me chercher. Comment j'avais pu perdre autant de temps dans ma vie à attendre que la route se dégage alors qu'en réalité, elle était là, ouverte, accessible puisque je courais dessus de toute la vitesse dont j'étais capable[1]. »

Il faut parfois la violence d'une émotion pour se libérer d'un rôle assigné, impossible à endosser. On peut ainsi relire ce jeu des chaises musicales comme une métaphore familiale mais aussi sociale et politique. Ceux qui sont irremplaçables à nos yeux sont pourtant, dans certaines configurations économiques et politiques, vite remplacés par des logiques de rentabilité qui substituent aveuglément, mécaniquement des êtres à d'autres. C'est aussi ce dont parle le roman d'Anne Pauly : l'échec programmé socialement, les places misérables, la relégation sur le banc de touche. Dans ce jeu cruel des places éjectables, tous sont interchangeables et le plus faible, le plus vulnérable, est le premier à perdre la sienne.

1. Anne Pauly, *Avant que j'oublie*, Verdier, 2019, p. 89.

Les places manquantes

« J'aimerais qu'il existe des lieux stables, immobiles, intangibles, intouchés et presque intouchables, immuables, enracinés ; des lieux qui seraient des références, des points de départ, des sources :

Mon pays natal, le berceau de ma famille, la maison où je serai né, l'arbre que j'aurais vu grandir (que mon père aurait planté le jour de ma naissance) le grenier de mon enfance rempli de souvenirs intacts…

De tels lieux n'existent pas, et c'est parce qu'ils n'existent pas que l'espace devient une question, cesse d'être une évidence, cesse d'être incorporé, cesse d'être approprié. L'espace est un doute […], il ne m'est jamais donné, il faut que j'en fasse la conquête. »

Georges Perec, *Espèces d'espaces*

Il faut aussi écrire sur les places qu'on n'a jamais pu occuper, sur les lieux qui les symbolisent, comme les chambres d'enfant chez Perec. Il lui manque ces lieux qui nous identifient, nous contiennent, nous rassurent. Ces lieux qui nous habitent durablement comme des repères, des ressources. Des lieux liés à notre naissance, notre histoire, qui témoignent de notre présence, la confirment et la soutiennent symboliquement. On ne parle pas de places extraordinaires, mais de places banales dans le déroulé de chaque histoire, de places « normales » dans la grammaire d'une vie. Il en va des places de l'existence comme des règles grammaticales. Être objet puis sujet d'une affection, maîtriser les conjugaisons, apprivoiser le conditionnel. Si je n'ai pas connu l'insouciance de l'enfance, si l'on m'a refusé cette première place, ma vie d'adulte pourra être fragilisée par cette ellipse douloureuse. Cette grande absence prend toute la place jusqu'à obscurcir ce qui est là, vivant, mais toujours à distance, voilé. Les béances du passé, comme des gouffres de tristesse où l'on s'enfonce parfois, continuent à aspirer nos élans. Dans cette existence « jouée » plus que vécue, l'esprit reste absorbé par l'irréparable.

Dans son ouvrage *Par instants, la vie n'est pas sûre*[1], l'écrivain et cinéaste Robert Bober relate une anecdote surprenante : lorsque Perec donna pour la première fois son manuscrit à lire à Maurice Nadeau, l'éditeur ne s'aperçut pas de l'absence de la lettre E. Peut-on passer ainsi à côté d'une telle absence ? Oui, sans doute. À chaque instant, l'absence, malgré son évidence, nous échappe, parce que nous ne voulons pas la voir. Pourtant, même dans ce déni, nous construisons autour de ce vide, déterminant

1. Robert Bober, *Par instants, la vie n'est pas sûre*, P.O.L., 2020, p. 192.

en négatif ses contours. Ainsi l'absence dessine sa place, en creux, par le biais de nos évitements, nos détours, nos silences.

« Il y avait un manquant. Il y avait un oubli, un blanc, un trou qu'aucun n'avait vu, n'avait su, n'avait voulu voir. On avait disparu. Ça avait disparu[1]. »

Par instants, la vie n'est pas sûre, le sol s'affaisse sous mes pas. Le passé me fragilise, me trahit. Ce qui a disparu pèse plus que ce qui est. Dans ce même livre, Robert Bober mentionne un échange avec l'une de ses lectrices. N'ayant pas connu ses parents, déportés pendant la Seconde Guerre mondiale, elle en vient à jalouser l'enfance heureuse de ses propres filles. Le fait de n'avoir jamais été à cette place de l'enfant dont on prend soin la fait douter d'elle-même : est-elle une mère aimante, elle qui n'a pu être aimée ? Ce manque de l'enfance se répercute au présent dans sa relation avec ses filles.

« Elle était jalouse de ses petites filles. [...] Elle aurait voulu être elles à recevoir des gestes d'amour tout en se demandant, parce qu'elle ne les avait jamais appris, si ces gestes étaient bien ceux qu'il fallait faire[2]. »

À cette douleur et cette inquiétude, Bober répond en évoquant l'anecdote du E manquant dans la *Disparition* et fait le parallèle avec l'enfance de la lectrice :

« Oui, son enfance avait été différente comme était différent un livre de Perec, mais elle avait une vie telle

1. Georges Perec, *La disparition,* Gallimard, L'Imaginaire, 2017, p. 28.
2. *Ibid.*, p. 192.

que ses parents, jusqu'au dernier moment, avaient espéré pour elle[1]. »

Si on peut écrire tout un livre sans la lettre E, on peut traverser une vie, même trouée d'une absence qui prend toute la place. Si on peut écrire un livre sans E, sans la lettre dont on a le plus besoin dans sa langue maternelle, on peut vivre toute une vie sans les personnes auxquelles on tenait le plus. On peut continuer à dérouler le récit d'une existence, même si cette absence change notre grammaire, assombrit notre vocabulaire. Quand on a perdu ceux qui comptaient le plus pour nous, il faut de la folie et de l'ingéniosité pour vivre sans eux, comme il en faut pour écrire une histoire sans E. Et cette vie, malgré l'absence, sera désormais la nôtre. En affirmant l'espoir que ses parents formulaient pour elle, espoir qui constitua sans doute leur ultime pensée, Bober renverse l'absence en souci, substitue à l'image du manque celle d'un espoir intense. Si elle n'a pas pu être l'objet de leurs soins et de leur affection, elle était au cœur de leurs pensées et de leur espérance. Ils avaient souhaité pour elle la meilleure vie possible, celle qui précisément était devenue la sienne mais qu'elle ne parvenait pas pleinement à habiter, plus spectatrice qu'actrice. « C'est, affirme Bober, ce que ses parents auraient souhaité de toutes leurs forces[2]. »

Ainsi Bober, par cette petite phrase, remplace ce qui n'a pas été par ce qui a existé, à savoir la réelle préoccupation de ses parents pour elle, la certitude que toutes

1. *Ibid.*
2. *Ibid.*

leurs pensées jusqu'au dernier moment étaient tournées vers elle et qu'elle était au cœur de leur amour. L'image de ses parents se souciant d'elle au bord de leur disparition console la petite fille en elle qui refusait de céder la place et réclamait réparation. Elle ramène la jeune femme à la densité de son existence, la réinstalle dans cette vie dont elle s'écartait, tirée en arrière par ce passé obsédant, portant son ombre sur le présent. Ainsi on clôt la béance, on l'habite et l'on peut être pleinement mère en offrant à ses enfants la place que l'on aurait aimé occuper.

Peut-être ne fait-on jamais que repriser ces trous de l'enfance. Réparer les blessures des premiers moments de la vie, soigner l'enfant que nous étions et qui nous empêche parfois de devenir pleinement adulte à notre tour. On répare les choses pour nous réparer nous-mêmes, on reprend le récit en première personne pour retrouver notre voix, on écrit notre histoire pour rétablir notre perspective. Dans son roman *Le garçon de mon père*, Emmanuelle Lambert identifie ces gestes révélateurs, ceux qui trahissent des blessures de l'enfance toujours sensibles à l'âge adulte :

« [Les vieux jouets incomplets] que la mère de ma mère achète pour les réparer, en souvenir de ceux qu'elle n'a pas eus, comme si elle pouvait recueillir l'enfant orpheline et abandonnée qu'elle avait été, et offrir des poupées délaissées à son propre souvenir[1]. »

1. Emmanuelle Lambert, *Le garçon de mon père*, Stock, 2021, p. 25.

Certains portent en eux le double de leur enfance désolée et tentent, à travers divers gestes révélateurs, de le consoler. La romancière propose l'image saisissante de ce double intérieur :

« On dit que certaines personnes portent l'embryon mort de leur jumeau dans leur corps, dans des endroits incongrus. Il me semble que, pour certains, l'enfance désolée s'accroche à leur corps comme l'embryon mort à son double[1]. »

Parfois, la parole d'un autre, quelques mots même, suffisent à réparer un passé trop sensible, comme on restaure de vieilles photos abîmées, à calmer les spasmes d'une mémoire douloureuse. Le récit qu'une femme fait de l'enfance de son père est aussi, peut-être, une tentative pour prendre soin de l'enfant solitaire qu'il a été.

1. *Ibid.*, p. 22.

S'inventer une place

On a tous déjà volé, dans la vie des autres, des fragments d'une existence qui n'était pas la nôtre. On a cherché, expérimenté, chez nos cousins, nos amis, d'autres manières de vivre, des formes d'affection inconnues. Ces mélodies inédites qui donnent une autre tonalité au quotidien. On emprunte d'autres habitudes d'être, un peu comme des costumes étranges, des déguisements ou des tenues d'apparat. On joue le rôle d'un autre, on prend sa place pour quelques heures ou quelques instants. On fait semblant. Mais dans cette fiction, dans ce « *let's pretend* », on comble par procuration les creux de notre enfance. Quelque chose de très sérieux se joue dans ces substitutions éphémères.

Dans son roman *Un jour ce sera vide*, Hugo Lindenberg retrace avec justesse et cruauté la douleur d'une enfance privée de mère. Le narrateur, un jeune garçon, passe ses vacances en Normandie avec sa grand-mère et sa tante, vieille et folle. Le père est rarement évoqué, la mère est une ellipse. La vie des familles « normales » est un mystère que le narrateur tente d'approcher en les observant sur la plage[1]. Ce bonheur simple, il l'entraperçoit dans

1. Hugo Lindenberg, *Un jour ce sera vide*, Christian Bourgois, 2020, p. 27 : « Ce qui excitait ma curiosité, c'était de voir des parents avec leurs enfants. Le quotidien banal d'une famille normale. »

ces saynètes estivales jusqu'à sa rencontre avec le jeune Baptiste qui lui ouvre sa maison. Le narrateur se glissera, lors de quelques moments volés, à la place de ce dernier : la place d'un fils auprès de sa mère, dans cette famille d'adoption[1]. Il observe les objets et rituels qui confirment notre place au sein d'une famille – un rond de serviette à son nom, un arbre planté pour sa naissance :

« Autour de la table chacun a sa place, sa propre serviette en tissu et un rond en bois sur lequel est inscrit son prénom en brûlé. [...] Moi aussi j'ai le mien. Il n'y a pas mon prénom dessus mais une étoile[2]. »

Mais il attend surtout avec impatience le moment du coucher et le baiser de la mère sur son front, le soir avant de s'endormir :

« Je dois me concentrer pour que rien ne paraisse de mon trouble, pour présenter la figure d'un garçon qui a l'habitude de la tendresse. [...] Je suis enfin prêt à recevoir le baiser[3]. »

Faire comme si tout était normal et évident, mais attendre le baiser d'une mère comme la validation de son enfance, le droit éphémère à être aimé.

Il arrive aussi, de manière parfois aussi anecdotique que décisive, qu'une personne m'accorde, en quelques mots, ou dans un geste bref, par une attention particulière, une place que je m'efforcerai de garder pendant des années.

1. *Ibid.*, p. 44.
2. *Ibid.*, p. 142.
3. *Ibid.*, p. 45-46.

Dans son roman *L'homme qui tremble*, Lionel Duroy se souvient d'une légère caresse sur son visage, de sa professeur de français au collège :

« Les mains d'une femme sur mon visage, puis à la fin son sourire, comme si je lui plaisais. J'ai écrit [...] combien je lui suis reconnaissant de m'avoir donné une place, de m'avoir "touché"[1]. »

Ce gage d'affection donne enfin à l'enfant le sentiment d'exister. Il lui offre une place, à lui, qui déménageant sans cesse, déscolarisé et mal aimé, n'en trouvait pas dans cette famille trop nombreuse[2].

L'étranger qui, sans même s'en rendre compte, esquisse autour de nous un cercle protecteur, une auréole, nous rend soudain visible, nous fait exister à nos propres yeux. Il peut suffire d'une parole au futur interprétée comme un oracle pour qu'on tente de la réaliser. Elle fait apparaître l'horizon d'un monde à conquérir. Parfois un regard épouse nos contours qui cessent alors d'être flous et incertains. Notre existence n'est plus indécise, notre être jusqu'alors évanescent se précise, se décide à adopter une certaine forme. Apparaît en nous, dans tous les sens du terme, de la détermination. Sous les mains d'un autre, sous ses yeux, notre être se matérialise, notre existence prend une densité, acquiert de la présence, de

1. Lionel Duroy, *L'homme qui tremble*, Mialet-Barrault, 2021, p. 66.

2. Sur cette situation, le projet d'écrivain de son frère est aussi révélateur, cf. *ibid.*, p. 48 : « il connaît déjà le sujet de son premier roman, l'errance d'un homme apatride qui n'a pas de place dans un monde où chacun sait précisément où est la sienne. »

la même manière que les bras contenants d'un parent font prendre conscience de lui-même au tout petit enfant. Mais lorsque ces bras-là manquent, lorsque les proches sont défaillants dans leur affection ou leur attention, il arrive qu'un étranger offre ce viatique pour accéder à soi, pour sortir d'une existence flottante. La main sur la tête ou la petite phrase sont comme les étincelles au départ d'un petit feu intérieur.

Fantômes

« Je me refuse à séparer le jour et la nuit. »

J.-B. Pontalis,
L'amour des commencements.

Le manque et l'absence, des autres et de soi, tiennent une place qu'il ne s'agit pas d'occulter. Ainsi, celui qui a disparu continue à être présent, il a seulement, comme le dit J.-B. Pontalis, « cessé d'être audible et visible[1] ». Les mondes engloutis laissent remonter à la surface de nos vies les vestiges d'existences passées. Peut-être faut-il garder la trace de ce qui n'est plus. Ne pas effacer les marques discrètes des apparitions fantomatiques dans nos vies. Ne pas combler les fêlures, laisser des failles, du vide. Ainsi la rabbin Delphine Horvilleur suggère-t-elle de « laisser dans nos vies la trace de l'incomplétude, de savoir habiter un lieu où le manque a sa place. Reconnaître la trace que laisse ce qui n'est plus[2]. » Les

---

1. J.-B. Pontalis, *L'amour des commencements*, *op. cit.*, p. 189 : « Je me suis refusé ces jours-là à effacer mon père, à tenir pour négligeable, pour nul, pour abstrait, ce qui a seulement cessé d'être visible et audible. »
2. Delphine Horvilleur, *Vivre avec nos morts*, Grasset, 2021, p. 219.

fantômes sont aussi ceux que nous accueillons, en leur faisant une place.

Qui sont les fantômes ? Ceux qui, malgré ou à cause de leur absence, prennent trop de place. Ceux qui peuplent nos nuits comme les interstices du jour, ceux qui se faufilent malgré nous au cœur de nos pensées, ceux qu'on retrouve par surprise dans nos gestes, nos expressions, parce que le corps du fantôme, tout simplement, est le nôtre. Si le fantôme me hante, c'est qu'il est en moi. C'est celui que nous ne parvenons pas à tenir à une juste distance : celle qui le rendrait supportable. Le fantôme est le souvenir vif de celui qui a disparu de ma vie, s'en est définitivement éloigné, celui qui a coupé les ponts, qui est parti ou qui est mort, mais dont la présence dans ma vie psychique reste très intense, trop intense, lorsqu'elle est douloureuse. C'est celui auquel je ne peux cesser de penser, qui m'obsède y compris lorsque dans mon existence réelle, il ne reste plus que quelques traces de lui. Sa présence est peut-être d'autant plus obsédante qu'elle n'est pas contrariée ou contredite par le réel. Le fantôme peut m'apparaître partout. Je n'en ai jamais fini avec lui. Il s'invite dans mes rêves, comme au milieu d'une conversation amicale, et sa présence impérative exige ma disponibilité immédiate, mon attention exclusive. On aimerait qu'il disparaisse, qu'il cesse d'occuper le terrain. On croit le reconnaître à l'angle de la rue, on espère un appel, un signe. C'est celui à qui on pense sans cesse parce qu'on ne peut plus qu'y penser. On ne peut plus le voir, lui parler, l'embrasser. Le fantôme naît de cette disproportion entre le besoin d'un être et l'impossibilité de sa présence ; entre la discontinuité du réel et notre besoin d'un lien maintenu. Face à son absence, notre conscience le maintient vivant en nous. Pourquoi s'attacher à ces fantômes ? Quel rôle jouent-ils dans nos vies ?

Être hanté par le souvenir d'une personne que l'on aime encore, ne penser qu'à elle, être sans cesse habité par sa manière d'être et de penser, maintenir silencieusement le dialogue, solliciter son avis et ses conseils dans des échanges secrets. Mais aussi, plus douloureusement, être habité par des souffrances dont on hérite, de fantômes disparus trop tôt, dans la violence des tragédies familiales ou historiques. Cette vie en sourdine, qui s'agite jusque dans nos corps qu'elle maltraite, cette vie mémorielle qui prend possession de nous tout entier, c'est celle dont nous parle Camille de Toledo dans son roman *Thésée, sa vie nouvelle*, où le narrateur se voit perclus de douleurs physiques à la suite du suicide de son frère. Les fantômes des tragédies, armée surgie des ombres du passé, nous ébranlent. Son narrateur tente d'« être le domino qui tient dans la famille qui tombe[1] ». On lui intime bien de « ne pas rouvrir les fenêtres du temps » mais le flot mémoriel traverse déjà les corps. Sa mère a ouvert la brèche temporelle sans le savoir, sans conscience de la catastrophe à venir. C'est à elle que s'adresse intérieurement le narrateur :

« Tu ne le savais pas mais tu te lançais sur ce chemin, celui que je poursuis où se dévoilent des imbrications de

1. Camille de Toledo, *Thésée, sa vie nouvelle*, Verdier, 2020, p. 102. Les passages suivants sont extraits de la même page.

fantômes qui hantent, des secrets qui suintent ; les gens vivent souvent sur un seul plan d'existence, là où ils lisent la presse, dorment, travaillent, partent en vacances ; pourtant, il y a le plan deux, celui où quelque chose cherche à s'accomplir dans un flot qui traverse les corps ; et toi, ma mère, tu fouillais, mais comme le font les aveugles. »

Dans ces histoires de fantômes, où les disparus prennent plus de place que les vivants, c'est parfois l'impossibilité de la perte qui se manifeste. Comment accepter de perdre ce que l'on n'a même pas connu ? Comment se résoudre à l'absence qui ne succède à aucune présence ? Dans son essai intitulé *Apprendre à perdre*, le philosophe Vincent Delecroix évoque « cette paradoxale position dans l'être – ou plutôt *entre* l'être et le non-être – de manquer sans avoir jamais existé[1] ». Ainsi, précise-t-il, « ce n'est pas l'absence qui rend malade mais la présence persistante de ce qui est perdu et n'est, justement, jamais tout à fait perdu. L'absence fait souffrir, la présence de l'absent obsède et hante, absente à la conscience mais toujours là. » Le paradoxe de la perte explique l'existence du fantôme : « Ce qui manque est en surplus[2]. » Le fantôme est le corps diffus du manque central d'une vie, comme le manque d'un parent. C'est, avec la figure de l'être absent, le fantôme d'une enfance ou d'une vie imaginée ensemble qui hante le sujet.

---

1. Vincent Delecroix, *Apprendre à perdre*, Payot et Rivages, 2019, p. 254-55.
2. *Ibid.*, p. 253.

Il faut parler aussi du trouble que produit le fantôme, plus vivant et plus proche peut-être que ne l'a été la personne disparue de notre vie. Parce qu'il m'est toujours présent, parce que j'entretiens avec lui une vie parallèle et secrète, le fantôme finit par se substituer à la personne dont il est l'apparition, au point parfois de l'effacer.

Est-ce nous qui entretenons nos fantômes ou sont-ils dans nos vies comme des intrus ? Peut-être attendons-nous d'eux qu'ils nous animent, là où nous vivotons. Peut-être avons-nous besoin des spectres comme d'une architecture. Malgré leur évanescence, il se pourrait qu'ils nous soutiennent. Nous comptons sur eux pour nous guider, nous aider à tenir ou à trancher.

À moins que nous ne réglions nos comptes avec eux ? Quelle colère, quelle tristesse leur donnent corps ? Nous leur adressons les paroles que nous regrettons de n'avoir jamais prononcées. Nous poursuivons des discussions interrompues trop tôt, nous formulons ou attendons des excuses, nous espérons le pardon ou la consolation. Le fantôme nous rassure autant qu'il nous apeure. Il est ce familier, dont l'étonnante proximité, plus familière que celle que le réel autorise, est inquiétante[1]. Le fantôme tient cette impossible place que signifie bien le terme

1. Sigmund Freud, *L'Inquiétante étrangeté et autres textes. Das Unheimliche und andere Texte*, trad. de l'allemand par F. Cambon, Gallimard, Folio bilingue, 2001, p. 51 : « *Heimlich* est donc un mot dont la signification évolue en direction d'une ambivalence, jusqu'à ce qu'il finisse par coïncider avec son contraire *unheimlich*. *Unheimlich* est en quelque sorte une espèce de *heimlich* ».

allemand proposé par Freud de l'« *Unheimlich* », littéralement, ce qui n'est pas familier, ce qui n'appartient pas au « *Heim* », la maison, le chez-soi. Le fantôme n'est pas à sa place chez moi, en moi et pourtant il est au cœur d'une familiarité qu'il instaure avec moi, malgré moi. Il est cette familiarité de l'ombre, cette intimité secrète. Freud s'appuie sur une citation de Schelling : « serait *unheimlich* tout ce qui devait rester un secret, dans l'ombre, et qui en est sorti[1] ». Il est l'« étrange familier[2] ».

Le fantôme serait non pas une altérité en nous, mais une familiarité clandestine, dissimulée à nous-même, cette étrangeté que nous découvrons être une part de nous-même. C'est en cela que s'explique aussi la tension de ce que J.-B. Pontalis nomme « la traversée des ombres ». C'est aussi à un soi lointain, un soi enfoui, à l'enfant incapable de rien dire (l'*infans*) que nous redonnons la parole : « Il nous faut croiser bien des revenants, dissoudre bien des fantômes, converser avec bien des morts, donner la parole à bien des muets, à commencer par l'*infans* que nous sommes encore, nous devons traverser bien des ombres pour enfin, peut-être trouver une identité qui, si vacillante soit-elle, tienne et nous tienne[3]. »

Si nous nous laissons inquiéter par ces présences anciennes, par ces silences ou ces chuchotements énigmatiques, c'est que, dans le déséquilibre qu'ils provoquent,

1. *Ibid.*
2. *Cf.* Olivier Mannoni, http://publictionnaire.huma-num.fr/notice/unheimlich/
3. J.-B. Pontalis, *La traversée des ombres*, *op. cit.*, p. 582.

le trouble intime, ils disent aussi quelque chose de celui que nous avons à être. Quelque chose de l'ordre d'une fidélité à soi, aussi impossible que nécessaire, de l'ordre d'un souvenir, qui nous déstabilise autant qu'il nous fait tenir.

Les déplacés

« Le ciel et la terre ont gardé leur place, mais moi je ne peux pas regagner ma place. »

Henri Michaux, *Bras cassé*

Puis-je me faire une place là où le hasard me jette ? Lorsque la guerre, les persécutions, la famine me menacent, lorsque l'impossibilité d'un avenir, l'horizon sombre me poussent à partir loin de mon pays, loin des miens, la catastrophe me déplace malgré moi, me force à l'exil. Ne suis-je pas condamné à la nostalgie de cette place perdue, nostalgie d'une famille et d'une langue ? Car c'est bien ce qui manque aux déplacés, ce double lieu, comme le dit Derrida : le cercle affectif et le foyer symbolique de la langue maternelle[1]. Les exilés, les déplacés ont été violemment expulsés de ce cercle par les aléas de l'histoire. Être « chez soi » dans ses gestes et dans

1. Jacques Derrida, *Anne Dufourmantelle invite Jacques Derrida à répondre : De l'hospitalité*, Calmann-Lévy, 1997, p. 81 : « "Les personnes déplacées", les exilés, les déportés, les expulsés, les déracinés, les nomades, ont en commun deux soupirs, deux nostalgies : leurs morts et leur langue. »

ses pensées, dans le familier rassurant, où les liens sont vivants, où les paroles traduisent nos intentions, sans les déformer, ni les trahir.

On se sent étranger lorsqu'on est toujours un peu à contre-temps, un peu en décalage, rigide et lent, incapable de s'insérer avec fluidité dans les échanges et les mouvements. Il nous manque la « grammaire sociale » qui permet d'être dans le temps, d'anticiper le mouvement à venir, d'être au bon endroit de la conversation dont on a saisi l'implicite, de glisser avec souplesse d'une référence à l'autre, connues depuis toujours. Selon le sociologue américain d'origine autrichienne Alfred Schütz, auteur de l'essai *L'étranger*, il nous manque les codes sociaux, les habitudes de pensée, une certaine représentation du monde, qui nous permettraient d'intégrer la discussion sans la ralentir, de nous ajuster à ces terrains sociaux, souvent « impraticables », puisque leur sens pratique, leurs règles implicites et leurs enjeux cryptés nous échappent. Ce qui est « naturel », « évident » pour le natif, l'étranger doit sans cesse le « débrouiller », « l'investiguer » pour qu'il cesse d'être « problématique ». Le simple quotidien est une aventure épuisante, un supplice de Dédale. Parce que l'étranger n'a pas d'accès immédiat au sens, le réel devient un « labyrinthe dans lequel il a perdu tout sens de l'orientation[1] ». Il faut beaucoup d'efforts pour s'acclimater à un nouveau schéma culturel, pour trouver ses repères dans un monde que personne n'éclaire pour nous.

1. Alfred Schütz, *L'étranger, L'homme qui revient au pays*, Allia, 2003, traduction Bruce Bégout, p. 38.

Mais, comme l'analyse Schütz dans un second essai intitulé *The homecomer*, *« l'homme qui revient au pays »*, le pays d'origine peut également produire en moi un sentiment d'étrangeté, en particulier lorsque j'y reviens après une longue période. Celui qui rentre à la maison après plusieurs années de guerre ou d'exil n'y retrouve précisément jamais un « chez soi ». Le retour au pays est un retour impossible. Comme l'explique bien Günther Anders, philosophe d'origine allemande, dans ses *Journaux de l'exil et du retour*, ce retour « n'est jamais seulement retour à un point de l'espace, mais toujours aussi à un point du temps (devenu depuis longtemps inexistant)[1] ». En ce sens, ce retour n'est qu'expérience redoublée de la perte et de la disparition de cet ancien monde. Une double altérité, celle de l'exilé transformé par cette expérience et celle du pays d'origine et de ceux qui y sont restés, rend impossible toute reprise par-delà la déchirure.

Dans son roman au titre doublement significatif, *Les désorientés* – ceux qui ont perdu leur Orient et peut-être, avec lui, leur orientation au sens existentiel – le romancier libanais Amin Maalouf décrit les sentiments contradictoires d'Adam, historien reconnu, revenant au pays d'Orient dont il est parti vingt-cinq ans auparavant, à la demande de Mourad, son ami de jeunesse à l'agonie. Si Adam s'est exilé loin de ce pays sans nom, c'est parce que ce pays lui-même avait d'une certaine manière déjà disparu, trahissant les attentes placées en lui. Ce pays,

1. Günther Anders, *Journaux de l'exil et du retour*, Fage éditions, 2012.

comme le dit Adam à Mourad, était « parti beaucoup plus loin que lui[1] ». Le pays qui nous manque, c'est celui qui nous ouvrait un avenir et qui disparaissant, a détruit toute perspective avec lui, tout projet. Perdre le monde de l'enfance est en quelque sorte normal, mais perdre le monde que l'enfance nous avait promis est vécu comme une trahison :

« Que le monde d'hier s'estompe est dans l'ordre des choses. Que l'on éprouve à son endroit une certaine nostalgie est également dans l'ordre des choses. De la disparition du passé, on se console facilement ; c'est de la disparition de l'avenir qu'on ne se remet pas. Le pays dont l'absence m'attriste et m'obsède, ce n'est pas celui que j'ai connu dans ma jeunesse, c'est celui dont j'ai rêvé, et qui n'a jamais pu voir le jour[2]. »

Il n'y a pas, dans ce monde, d'enracinement possible, au sens que lui donne la philosophe Simone Weil citée en exergue par Amin Maalouf. Il n'y a pas ce double ancrage, dans la mémoire vive du passé et dans l'intuition dynamique d'un futur, qui stimule le sujet et lui permet une participation active à la vie collective. Il faut que ce pays réponde à notre besoin d'enracinement, qui puise ses ressources dans un héritage vivant et s'ancre dans l'ouverture de lendemains.

« L'enracinement est peut-être le besoin le plus important et le plus méconnu de l'âme humaine. C'est un des plus difficiles à définir. Un être humain a une racine par

1. Amin Maalouf, *Les désorientés*, Le Livre de poche, 2021, p. 69.
2. *Ibid.*

sa participation réelle, active et naturelle à l'existence d'une collectivité qui conserve vivants certains trésors du passé et certains pressentiments d'avenir[1]. »

Lorsque cet horizon s'obscurcit, on part, comme l'a fait Adam, pour trouver ailleurs un monde où se faire une place. Certes, revenir au pays lui offre de douces réminiscences. Adam y retrouve des odeurs, des musiques, des accents familiers, « redécouvr[e] la joie charnelle de [se] sentir sur [sa] terre natale[2] ». Mais il n'y a plus sa place. « Dans cet univers levantin qui ne cessait de s'obscurcir, je n'avais plus ma place, et je ne tenais plus à m'en tailler une[3]. » Il l'a trouvée ailleurs, dans un pays d'accueil où il est devenu – la symbolique est significative – un historien estimé. Ce tropisme pour le passé est la réponse d'Adam à cette nostalgie d'un avenir perdu. Il s'est sans doute trop éloigné, à la fois d'une terre et de celui qu'il était, pour pouvoir y reprendre racine. L'exil a fait définitivement de lui un déraciné.

Certains ne retrouveront jamais de place. Ils sont, pour toujours, déplacés. Dans ses *Journaux* retraçant son exil aux États-Unis puis son retour en Europe après-guerre, Günther Anders décrit cette errance des migrants sans place, qu'il distingue des émigrés. L'émigré finit par trouver une place, parfois inconfortable. Mais son déplacement prend fin, au moins géographiquement, à défaut de prendre fin psychologiquement. Le déplacé, lui, ne

---

1. Simone Weil, *L'enracinement*, Gallimard, Quarto, 1999, p. 1052.
2. Amin Maalouf, *Les désorientés*, *op. cit.*, p. 70.
3. *Ibid.*

retrouve de place nulle part, ni dans son pays d'origine, ni dans un autre pays où personne ne l'attend. Là où les aléas de l'Histoire le font échouer, il n'y a pas de place pour lui, on ne lui en fera pas. Ces migrants sont indésirables. Ils sont comme invisibles :

« Nous avons erré là où le hasard nous a conduits, parmi des millions de gens qui nous traitaient comme si nous étions de l'air et ainsi nous *sommes devenus de l'air* [...] les bruits et les cris du monde semblaient soudain ne s'adresser qu'aux autres – pas un qui n'ait fait l'expérience, en un mot, de *ne plus être là*[1]. »

Ces êtres sont de trop, « en surplus[2] » tout en n'existant presque plus. Anders parle d'une « perte d'existence[3] » pour qualifier ce sentiment intérieur d'une sorte d'effacement, de disparition qui les atteint. Le déplacé est comme hors-sol, détaché malgré lui de la réalité du monde, hors des flux des autres hommes, hors de toute participation :

« Vivre sa vie dans l'opposition et nager à contre-courant est difficile ; mais ne nager ni avec le courant ni à contre-courant, être aussi seul [...], personne ou presque n'en est capable[4]. »

Le migrant perd aussi le sens des mots, il perd sa langue, sans jamais vraiment en acquérir une autre. Il bégaie, dit Anders, dans les deux langues[5]. La parole n'est plus fluide,

1. Günther Anders, *Journaux d'exil et du retour*, *op. cit.*, p. 84.
2. *Ibid.*, p. 85 : « Aucun homme n'est de taille à supporter d'être longtemps un simple "surplus". »
3. *Ibid.*, p. 84.
4. *Ibid.*, p. 97.
5. *Ibid.*, p. 106.

elle est empêchée, bloquée dans la répétition agaçante, celle du disque rayé. Perdre sa langue maternelle est vécu comme la dernière déchéance. La langue, dit Anders, était « la seule part de *chez-soi* qu'ils maîtrisaient encore ». L'oublier, c'est abandonner une toute dernière place, une place intérieure, c'est tomber dans « l'indignité de l'existence bègue[1] ». La perte de la langue maternelle n'est-elle pas celle du chez-soi le plus profond ? Que reste-t-il à celui qui est sans langue ? Derrida s'interroge :

« Ne figure-t-elle pas le chez-soi qui ne nous quitte jamais ? Le propre ou la propreté […] au plus près de notre corps, donnerait lieu au lieu le plus inaliénable […]. N'est-pas une sorte de seconde peau qu'on porte sur soi, un chez-soi mobile ? Mais aussi un chez-soi inamovible puisqu'il se déplace avec nous[2] ? »

Pour Anders pourtant, le migrant n'a plus de chez-soi. Il est dépossédé de tout repère, de tout ancrage. Il est hors sol, hors langue, hors temps. Il semble avoir perdu toute inscription dans le réel, tout ancrage dans la durée. L'« avenir » est « derrière lui », le monde s'est absenté[3]. Qui pourrait avoir « le courage de supporter une absence de monde encore plus radicale qu'auparavant ? », se demande Anders.

Il est troublant de voir à quel point ces textes d'Anders datant de l'après-guerre restent d'actualité. Dans son dernier essai intitulé *Brutalisme*, Achille Mbembe rappelle

1. *Ibid.*, p. 107.
2. Jacques Derrida, *De l'hospitalité*, *op. cit.*, p. 83.
3. Günther Anders, *Journaux de l'exil et du retour*, *op. cit.*, p. 96. La citation suivante est extraite de la même page.

que l'expérience de l'exil implique le risque de disparaître :

« Partir, c'est, évidemment, se mettre en mouvement, quitter un lieu, s'en éloigner, faire l'expérience de la distance, s'absenter. Il y a aussi, dans l'acte de partir, quelque chose qui relève de la cessation de présence physique, visible, immédiate et corporelle. Partir, c'est courir le risque de la disparition et de l'effacement[1]. »

Être englouti sous les mers, abandonné dans le désert ou parqué dans des camps. Mais certains disparaissent aussi, tout autant, au milieu des foules qui ne veulent pas les voir. Quelle que soit l'ampleur de la catastrophe personnelle traversée par ces hommes, ces femmes ou ces enfants, l'ironie la plus cruelle est sans doute dans le spectacle d'un monde indifférent, sans stigmates de l'horreur vécue, un monde resté en place. Cette stabilité du monde insulte leur douleur. On préférerait des ruines au diapason de leur ébranlement intérieur, plutôt que ce décor inébranlé, bien en place. Anders en fait l'étrange constat le 19 juin 1953 :

« C'est absurde : ce qui me désoriente et m'effraie aujourd'hui, ce n'est pas ce qui manque, mais ce qui n'a pas changé d'aspect ; ce qui n'est pas dévasté, mais ce qui est resté en place[2]. »

1. Achille Mbembe, *Brutalisme*, La Découverte, 2020, p. 182.
2. Günther Anders, *Journaux de l'exil et du retour*, *op. cit.*, p. 263.

Être au mauvais endroit

Nous occupons, à certains moments de notre vie, de mauvaises places, des places inconfortables, comme celles d'où l'on voit mal la scène. Ces places où l'on ne s'installe pas, que l'on accepte à contre-cœur, nous paraissent dégradantes, humiliantes. Lors de son exil forcé aux États-Unis, Günther Anders accepte pour survivre divers métiers, très éloignés de sa formation universitaire. Manutentionnaire ou accessoiriste pour le cinéma, il s'interroge sur le sens de ces professions si différentes de la place académique à laquelle, dans une autre histoire, il aurait pu accéder. C'est dans l'une de ces situations de décalage qu'il est interpellé par le monologue d'un inconnu. Il semble le retranscrire fidèlement, dans un passage suffisamment long pour que l'on soupçonne ces paroles d'avoir trouvé un écho en lui. Elles résonnent en tout cas pour ceux que les épreuves de la vie ont déplacés loin des « lieux » qu'ils convoitaient, ceux qui ont fait le deuil des places qui leur semblaient destinées. Pourtant, dans ces mauvaises places, qui me déclassent ou me rabaissent, je peux prendre conscience de l'illusion que constitue l'idée même d'une place qui serait faite pour moi.

Lorsqu'une place est à notre mesure, affirme l'inconnu, nous n'y apprenons rien :

« Celui qui choisit la femme qu'il faut perd toute chance de faire des expériences. Celui qui "trouve" son métier ne fait que s'enfermer en lui-même. Celui qui ne joue que sur des claviers dessinés sur mesure pour lui n'apprend plus rien avec ses doigts[1]. »

Le mot « expérience » vient du latin *experiri*, éprouver. Toute expérience est étymologiquement reliée à une mise en danger, elle est une traversée qui suppose un certain risque. S'insérer parfaitement dans le réel comme la pièce manquante du puzzle, ce n'est pas faire d'expérience, c'est s'y soustraire. Ce n'est pas se mettre à l'épreuve, c'est se cacher dans un trou du réel. Cette vie « sur mesure » où nous pensons ainsi nous « accomplir » est, selon l'inconnu du monologue, une vie « fausse » qui ne nous apprend rien[2]. Telle est la « calamité du bonheur » :

« L'expérience vraie ne se réalise pas comme une *adæquatio* (de la *res* et de l'*intellectus* [...] ou du monde

1. Günther Anders, *Journaux de l'exil et du retour*, *op. cit.*, p. 25.

2. *Ibid.*, p. 26 : « Vous avez toujours recherché l'accomplissement, et rien d'autre. Et, de temps en temps, vous avez même eu la malchance de trouver par hasard l'accomplissement. Dans cette femme. Dans cet ami. Dans cette chose. Dans ce travail. Dans ces parts du monde qui, par hasard, semblaient tout exprès faites sur mesure pour vous et rien que pour vous. Mais [...] je vous dirai que ces épisodes ont été les parts les plus fausses de votre vie. Seules les périodes de disette qui ont alterné avec ces moments-là ont été justes. Les années remplies de hasards. Les métiers que vous avez maudits. Et si vous avez acquis un minimum d'expérience, vous le devez exclusivement à ces périodes où, soi-disant, vous avez perdu votre temps. »

du confort et de l'homme), mais justement sur la base d'une *inadœquatio*, d'une *collisio* dans laquelle ce qui est étranger nous signale par son étrangeté sa puissance et sa réalité totalement inadaptées à nous[1]. »

Nous en apprenons plus sur l'existence à ces places inhospitalières que lorsque nous restons sagement dans l'illusion d'un monde où tout est à notre mesure. Cette autre expérimentation d'un réel plus aride, plus abrupt, plus féroce nous ouvre à la multiplicité des expériences humaines :

« L'expérience est d'autant plus une expérience réelle que ce dont nous faisons l'expérience ne nous convient pas. […] Les choses et les circonstances qui nous vont comme un gant ou que nous avons taillées sur mesure nous privent de la chance de nous heurter au monde, autrement dit de faire des expériences. La chaussure faite sur mesure trompe le pied en le privant de l'expérience de la racine et du caillou[2]. »

Nous avons plus appris, mieux compris quelles sont les places que d'autres occupent, en y étant assignés malgré nous. Dans ce déplacement involontaire, nous retrouvant, à leur place, *in their shoes*, nos yeux se sont décillés, nous avons élargi l'angle de notre perspective sur le monde.

Peut-être est-ce quand nous ratons, quand nous tombons à côté, quand nous visons mal, que nous dévoilons quelque chose de nous-même qui nous permettra par

1. *Ibid.*, p. 104, note 7.
2. *Ibid.*

la suite de viser juste, d'atteindre précisément la cible. Ainsi, comme le dit très justement le philosophe Camille Riquier, on aurait « tort de couvrir les défauts d'un homme quand on sait qu'il est possible d'y découvrir aussi la ressource qui a servi à les surmonter. Car il arrive parfois que ce soit du lieu même d'où l'on chute, pour peu qu'on consente à reconnaître ses propres manques, qu'on trouve la force de se relever[1]. » De la même manière, c'est parfois ce que l'on dit « en passant », l'air de rien, qui résume secrètement, dans une voix qui s'affirmera plus tard, notre intention la plus forte[2].

Et si la place qui compte le plus était celle que l'on avait toujours le plus redoutée ? Et si le lieu de notre chute était celui qui décide radicalement de notre existence, là où elle y commence véritablement ou recommence, reprend ? Ce lieu où un pan de vie s'effondre et tout est dénudé, les faux-semblants tombent. Et si c'était sur ces ruines que s'entendait la voix la plus sincère ?

---

1. Camille Riquier, *Nous ne savons plus croire*, Desclée de Brouwer, 2020, p. 81.

2. *Ibid.*, p. 81 : « On n'entend pleinement ce qu'a fait un homme qu'à la lumière de ce qu'il avait secrètement voulu faire et dont il nous a révélé l'intention profonde, le plus souvent en passant. »

Être là par hasard

> « Mon hasard est plus que moi.
> Une personne n'est jamais que les réponses à quantité d'incidents impersonnels. »
>
> Paul Valéry, *Mauvaises pensées.*

Peut-être n'est-on jamais vraiment à sa place. Parce qu'on n'est ni un arbre ni une montagne, qu'on n'a ni racines, ni pesanteur massive, parce qu'on flotte aussi dans l'existence autant qu'on peut se laisser ancrer parfois par l'affection ou la peur. Mais parce qu'on est fatigué aussi de courir après l'horizon, on s'installe dans un lieu accueillant ou on fait étape dans celui qui nous dépayse et nous offre ce sentiment illusoire d'être devenu quelqu'un d'autre.

Et s'il n'y avait que des places éphémères où l'on se pose le temps d'une mission, d'un mariage ou d'une œuvre ? Nous ne serions que dans le mouvement d'une place à l'autre, mouvement spiralé d'un jeu de l'oie ou zébrures de lignes de vie imprévisibles. Il nous en resterait l'énergie, le plaisir ou la difficulté des déplacements. Nous sommes, en réalité, sans doute des êtres sans cesse déplacés, nous bousculant les uns les autres à coups de gestes, de paroles et d'émotions. Nous nous entrechoquons et nous nous projetons un peu n'importe où, comme dans une partie de billes frénétique.

Est-ce qu'il existe vraiment quelque chose comme une place ou n'est-ce que la fortune qui nous jette au gré du vent ou des courants, sur cette plage plutôt qu'une autre ? Si j'ai atterri là, c'est peut-être moins par nécessité, suivant la ligne toute tracée d'une destinée que par une suite de hasards, selon une ligne de sorcière, secouée de sursauts, striée de brisures. Des effets multiples, même inaperçus, m'ont entraîné, balloté jusqu'ici, loin de ce que je croyais être ma place. Je me retrouve propulsé, déporté ailleurs. Ce n'est pas moi qui décide, c'est la foule qui me presse et oriente mes pas, c'est la houle qui fait dériver mon navire, c'est la bousculade qui m'emporte loin de ma direction initiale. Ce que je suis devenu, je n'en ai pas vraiment décidé, les choses se sont faites souvent malgré moi, selon les circonstances. Je n'ai pas vraiment choisi le métier que j'exerce, mais les aléas de l'existence m'y ont directement conduit. Comme le dit le psychanalyste Jacques Lacan : « il a fallu que je prenne la corde en main » :

« On occupe la place où un acte vous pousse, comme ça, de droite à gauche, de bric et de broc. Il s'est trouvé des circonstances qui étaient telles que ce à quoi, à vrai dire, je ne me croyais pas du tout destiné, eh bien, il a fallu que je prenne la corde en main [...]. Il y a les places dont j'ai parlé tout d'abord, les places topologiques, les places dans l'ordre de l'essence, il y a la place dans le monde. Ça s'acquiert du fait de la bousculade en général. Ça laisse de l'espoir en somme. Vous voyez que tous autant que vous êtes avec un peu de chance vous devez toujours finir par occuper une certaine place. Ça ne va pas plus loin[1]. »

Il ne faut sans doute pas accorder tant d'importance à cette place qui m'échoit au fil des circonstances. Je découvre ainsi ma place dans le désordre, elle est le fait de différentes perturbations existentielles plus que d'une volonté ferme, d'une destination ou d'un ordre cosmologique. Je suis là un peu par inadvertance.

C'est-à-dire ? Dans l'inadvertance, je ne fais pas bien attention à l'endroit vers lequel je me dirige, je me retrouve là presque par accident, sans y avoir bien réfléchi, sans l'avoir véritablement voulu. Certains soutiendront que c'est précisément parce que je cesse de chercher le bon endroit que j'y atterris. Comme si se dévoilait une vérité ou une orientation fondamentale dans l'irréfléchi et l'involontaire. De la même manière que je fais plus facilement le bon geste dès que je cesse d'y être attentif, alors que je le rate quand je me concentre. Est-ce qu'on se retrouve là où l'on est par mégarde, par méprise, par inattention ? Serait-ce dans ce détachement que l'on éprouve la certitude d'avoir trouvé là où s'attacher ?

J'aurais pu me retrouver ailleurs, n'importe où ailleurs. Mais je préfère me dire que je suis fait pour cet endroit. À l'inverse, je peux être surpris de me trouver bien, là

1. Jacques Lacan, « Place, origine et fin de mon enseignement », *Mon enseignement*, Le Seuil, 2005.

où j'aurais pensé être désemparé. Lorsque, par exemple, je deviens parent sans vraiment l'avoir voulu. Lorsque je prends goût à un métier que je n'ai pas choisi. Parfois des places s'imposent à nous, nous assignent une identité que l'on aurait spontanément rejetée et dans laquelle pourtant nous nous trouvons à notre place, nous nous faisons une place. Est-ce que nous apprivoisons ce nouvel endroit ou est-ce qu'il manifeste un désir que nous ignorions ? Peut-on vraiment savoir quelle place est la nôtre ? Peut-être n'y a-t-il pas une, mais plusieurs places possibles qui s'ajustent à notre complexion, comme dans un jeu d'enfant, où le cylindre rentre dans le trou circulaire mais aussi, découverte toujours étonnante, dans le trou rectangulaire. Il faut parfois faire tourner notre vie sur elle-même pour qu'elle s'insère parfaitement dans un lieu tout autre, qu'elle s'offre à un nouvel espace.

Oiseaux migrateurs

« Chacun porte une chambre en soi. »

Franz Kafka, *Journal.*

On a beaucoup revendiqué l'idée d'avoir un lieu à soi, un lieu réservé. Le rêve d'une « chambre à soi » s'articule communément avec l'idée d'une autonomie, d'une libre disposition de son temps et de ses activités. On imagine ou on fantasme un espace qui nous appartiendrait en propre et nous détacherait, comme Descartes près de son poêle ou Montaigne dans sa « librairie », des influences et des contraintes de l'extérieur. Cette propriété est-elle réellement condition de réappropriation de soi ?

Il s'agit moins d'avoir un lieu *à* soi que d'avoir un lieu à part, qui est aussi un lieu *en* soi. Un lieu qui se prête à un certain type d'activité, qui me déleste de tout ce qui m'oblige, qui me permette un exercice libre de création et de réflexion. L'erreur est sans doute d'accorder un pouvoir excessif à la nature même d'un endroit réel. L'espace que nous avons à créer est tout autant intérieur, psychique qu'extérieur à nous, matériel et concret. Il ne suffit pas d'un beau bureau ou d'un grand atelier pour faire advenir l'idée géniale. On a écrit des chefs-d'œuvre à des tables de café, dans des soupentes humides, au fond des cachots. Sans aller jusque-là, une bibliothèque municipale, une chambre d'hôtel, une place dans le train feront aussi l'affaire. Il se pourrait même que des lieux transitoires, impersonnels soient plus propices que ceux dont la familiarité nous encombre, nous ralentit.

À l'opposé d'une théorie du « lieu à soi », on est tenté de soutenir au contraire que la neutralité de certains lieux nous allège, nous décentre. Peut-être faut-il qu'un espace me libère de moi-même, ce qu'un endroit « à moi » est bien incapable de faire, chaque chose ne faisant que répéter jusqu'à l'écœurement l'habitude de soi. Il faut que ce lieu me défasse du familier et m'aide à penser autrement, qu'il me bouscule un peu ou me « nettoie », qu'il fasse de la place. Qu'il me présente, momentanément et symboliquement, une place nette, une page blanche, un espace vierge. Dans les lieux de passage, étrangers ou indifférents, le cadre m'aide à m'oublier, me distrait de moi-même. Sa neutralité n'influence pas ma pensée mais la rend disponible. Il est possible que l'on ait aussi besoin d'un « endroit où l'on ne soit pas », où l'on serait « en vacances de soi[1] ». On pourrait alors compter sur des lieux de passage pour nous défaire du poids de l'habitude, compter sur des endroits sans histoire pour écrire différemment la nôtre.

---

1. J.-B. Pontalis, *En marge des nuits*, *Œuvres littéraires*, *op. cit.*, p. 944.

Dans une interview radiophonique diffusée en septembre 1981, quelques mois avant sa disparition, Perec fait la liste des cinquante choses (il n'en gardera que trente-six) à ne pas oublier de faire avant de mourir. Dans les « choses liées à des désirs profonds », il évoque l'idée d'« aller vivre à l'hôtel à Paris ». Pourquoi jouer les touristes à la capitale ? Parce que, sans prétendre parler pour Perec, à l'hôtel, on peut espérer n'emporter que peu de soi, échapper à des espaces que l'on connaît par cœur, dont les détails orientent machinalement nos pensées. Vivre à l'hôtel pour avoir l'impression de repartir à zéro chaque matin, avec presque rien, d'être quelqu'un de nouveau, de n'être attaché à presque rien. L'hôtel, lorsqu'il est sans histoire, permet à chacun de réécrire la sienne, dans l'anonymat et la légèreté de celui qui s'y pose sans valise. J'aime les chambres d'hôtel, parce que, modestes ou luxueuses, elles produisent toujours sur moi ce même effet. Elles n'appartiennent à personne, il n'y a pas de portrait aux murs, pas de signe d'un passé qui soit autre chose qu'un décor. La chambre d'hôtel est toujours beaucoup plus neutre qu'on veut me le faire croire, toujours sans identité, malgré les tentatives de personnalisation, elle n'est jamais en réalité qu'un espace conçu pour accueillir n'importe qui. Et c'est parce que je deviens grâce à elle ce « n'importe qui » que je peux par-là même devenir quelqu'un d'autre. Je ne rêve pas d'une île ou d'une cabane, mais d'une vie nomade, allant d'une chambre à l'autre, redevenant neuf à chaque escale. Être incognito, vivre en un étranger, pour n'être obligé par rien et disparaître quand les lieux deviennent trop familiers. Pour redevenir anonyme, sans identité, sans passé.

Sans doute y a-t-il sur ce même mode des lieux neutres, des lieux autres qui nous aident à nous débarrasser d'une certaine image ou à en assumer une nouvelle, à devenir nous-mêmes. Cette mue ne peut se faire n'importe où. Pour qu'un lieu physique ou psychique la rende possible, il faut qu'il offre l'espace où elle pourra se déployer. Il peut s'agir aussi d'endroits familiers qu'un décalage présente sous un angle inhabituel, cette légère désorientation nous fait les regarder autrement. La même ville mais désertée au petit matin, plaisir des *early birds* ou des oiseaux de nuit ; la même plage, mais au milieu de l'hiver. Perec tentait d'épuiser les espaces[1], on peut être tenté à notre tour de nous « épuiser » nous-mêmes, en expérimentant l'inhabituel, pour voir si quelque chose ne surgit pas de ce changement de perspective.

Comme des oiseaux migrateurs, on est toujours tenté par d'autres soleils. Mais il ne s'agit pas d'une fuite ou d'une simple succession d'étapes. Il s'agit de compter sur les rencontres, les lieux ou les espaces (des villes, des déserts, des livres, une musique) pour produire en nous ce qui s'essouffle : l'élan de la nouveauté, la capacité créatrice, le surgissement de l'inédit. Il s'agit, en s'immergeant dans cet espace réel ou symbolique, d'entrouvrir le cercle qui nous définit :

1. Georges Perec, *Tentative d'épuisement d'un lieu parisien*, Christian Bourgois, 1982.

« Maintenant enfin, on entrouvre le cercle, on l'ouvre, on laisse entrer quelqu'un, on appelle quelqu'un, ou bien l'on va au dehors, on s'élance. […] On s'élance, on risque une improvisation[1]. »

Aussi faut-il balayer le rêve d'une place à soi, conçue comme une possession, un espace exclusif, d'une place fixe. Le danger est bien d'enclore son terrain, comme le disait déjà Rousseau. La question de la place, qui est aussi celle de l'identité, est disjointe de la propriété, de l'avoir. Notre espace est au dedans. Nous le transportons intérieurement. Mais espace vivant et plastique, il risque de se rétrécir s'il ne se nourrit pas du rêve d'autres lieux. On n'a peut-être besoin que d'une zone neutre, d'un terrain vague ou d'un espace vierge pour créer cette place en nous.

1. Gilles Deleuze et Félix Guattari, *Mille plateaux*, Paris, Minuit, 2013, p. 392.

Cercle de sons

« Le chez-soi ne préexiste pas : il a fallu tracer un cercle autour du centre fragile et incertain, organiser un espace limité. »

Gilles Deleuze et Félix Guattari, *Mille plateaux*.

Et pourtant. Comme les animaux, nous esquissons à l'aide de signes ténus ou imperceptibles les contours de notre territoire. Comme eux, nous les matérialisons parfois. Petits, nous les tracions du bout du doigt dans le sable, sur l'asphalte à la craie. Chacun dessine un cercle autour de soi, même invisible. L'enfant apeuré par le noir se rassure en chantant. Il s'abrite dans cette mélodie, s'oriente avec elle. Elle est « comme l'esquisse d'un centre stable et calme, stabilisant et calmant, au sein du chaos » nous dit Deleuze[1]. Le chant, la musicalité, le son teinté d'humanité rendent les espaces moins froids, moins inquiétants. Ils leur donnent une forme lorsqu'ils l'ont perdue (comme dans l'obscurité de la nuit). Si on laisse allumées la radio ou la télévision, si on baigne dans un flux de mots et de sons, si l'ascenseur a sa propre musique, c'est

1. Gilles Deleuze et Félix Guattari, *Mille Plateaux*, *op. cit.*, p. 382.

bien parce qu'un espace potentiellement angoissant est transformé par des sonorités familières, des voix, autant de traces de présence[1]. Nous créons sans cesse autour de nous des enveloppes sonores qui nous protègent et délimitent notre territoire. Il faut se sentir particulièrement en sécurité ou en confiance pour n'habiller d'aucun bruit une pièce ou une rencontre, pour supporter calmement l'épreuve du silence.

Si j'écoute de la musique dans mon casque, ce n'est pas seulement pour rester dans ma bulle, pour m'extraire du monde, c'est aussi pour avoir le courage d'y pénétrer lorsqu'il semble clos sur lui-même, fermé à toute intrusion, me repoussant loin de lui. C'est pour y instiller de la familiarité. Certains territoires paraissent hostiles. La musique les rend moins inquiétants. Leur superposer une mélodie ou un rythme permet de les approcher, de les apprivoiser.

Nous esquissons sans cesse des cercles autour de nous, des murs imperceptibles, sonores ou affectifs, des frontières psychiques qui nous rassurent et fixent des repères, distinguant le mien de l'autre, le familier de l'étranger. Ces cercles, nous les redessinons aux différents endroits de notre vie. Nous occupons des places mouvantes, nos territoires ne sont pas ancrés dans des sols, nos vies sociales et affectives sont plus nomades que ne le trahissent nos déplacements géographiques. Qu'est-ce qui s'est déplacé en moi à Cergy ou à Kyoto ? Nos déplacements intérieurs

1. *Ibid.* : « Les postes de radio ou de télé sont comme un mur sonore pour chaque foyer, et marquent des territoires. »

créent des cartographies affolées, absurdes, des sismographes fébriles. Dès lors que nous sortons de notre « piazza rassurante[1] », cette petite place familière qui est la nôtre – qu'elle soit géographique, sociale, affective, consciente ou inconsciente –, nous traçons de nouveaux cercles, nous nous approprions d'autres espaces.

1. J.-B. Pontalis, *Traversée des ombres*, *op. cit.*, p. 581 : « Chacun de nous a sa piazza rassurante : son cadre de vie, l'institution à laquelle il appartient, les bras maternels (j'ai longtemps rêvé de bras de mer…). »

Penser le déplacement

> « Que serait une pensée qui ignorerait le déplacement ? Une pensée qui ferait du surplace.
>
> Ce serait une pensée qui voudrait que les choses soient comme elle les pense, une pensée peu généreuse à l'égard de la richesse infinie de la polysémie du monde sensible. »
>
> J.-B. Pontalis,
> *Traversée des ombres.*

Dans son texte sur les *Espaces autres*, Michel Foucault, dans une brève histoire du concept d'espace, considère le problème de la place ou de l'emplacement humain comme la question contemporaine : « Nous sommes, dit-il, à une époque où l'espace se donne sous forme de relations d'emplacements[1]. » Il souligne qu'il s'agit à la fois d'un problème démographique et du « problème de savoir quelles relations de voisinage, quel type de stockage, de circulation, de repérage, de classement des

1. Michel Foucault, *Des espaces autres, op. cit.*, p. 754.

éléments humains doivent être retenus ». À l'époque de Foucault, qui donne cette conférence en 1964, l'espace n'a pas encore été totalement désacralisé, les distinctions perdurent entre espace public et privé, familial et social, personnel et professionnel. Aujourd'hui, les frontières ne sont plus seulement poreuses, elles s'effacent, dans un mouvement rendu possible par les nouvelles technologies de la distance et accéléré par la crise sanitaire du Covid. Les emplacements se superposent. La sphère de l'intimité est envahie par celle du travail, qui s'invite dans le salon ou jusque dans la chambre. Confusion des espaces, confusion des rôles et des personnages, contamination des identités ; la juste distance, qui traduit la nature d'une relation, devient difficile à évaluer et à tenir. La vie personnelle elle-même déborde du foyer, s'expose ou s'exhibe dans des mondes virtuels qui semblent reprendre la logique d'utopie qu'identifiait Foucault, parlant du miroir : « Je suis là-bas, là où je ne suis pas[1]. » On peut reprendre ses mots et constater à quel point ils paraissent pertinents pour décrire cet absentement au monde et à soi, cette déréalisation que produit la démultiplication des avatars virtuels. Comme le miroir, l'image virtuelle « rend cette place que j'occupe au moment où je me regarde [dans la glace, écrit Foucault/sur cette image, sommes-nous tentés de dire], à la fois absolument réelle [...] et absolument virtuelle ». Nous nous réfugions dans ces espaces utopiques, espaces de « compensation » aussi « parfaits et bien arrangés » que « le nôtre est désordonné,

1. Michel Foucault, *Des espaces autres*, *op. cit.*, p. 756.

mal agencé et brouillon[1] ». Ces espaces d'illusion que Foucault n'a pas connus mais qu'il nous permet de penser, sont notre réponse trompeuse à « tous les emplacements à l'intérieur desquels la vie humaine est cloisonnée ».

Analysant l'espace, Foucault, après avoir rendu hommage à l'« œuvre – immense – de Bachelard » s'en distingue. Il se propose d'étudier l'espace du dehors, « où s'érode notre vie », celui qui « nous ronge et nous ravine », l'espace qui nous érafle, politique et social, et non l'espace du dedans, intime et affectif. Nous avons tenté de montrer ici en quoi cette distinction d'un espace du dehors qui blesse et d'un espace du dedans qui réconforte, mérite d'être repensée. Espaces du dedans et du dehors sont traversés par des secousses, des tensions. Il nous a semblé qu'ils devaient, autant que possible, être pensés ensemble pour réfléchir à cette question de la place que nous occupons et de celle à laquelle nous aspirons. Nos emplacements, notre situation géographique, sociale et politique, la violence avec laquelle parfois nous sommes placés, malgré nous, en marge de la société dans des institutions, des hôpitaux ou en maison de retraite, ou la symbolique sociale ou familiale selon laquelle nous sommes placés aussi sur un plan de table pas si anecdotique ; tous ces éléments disent quelque chose de la place à laquelle nous pouvons prétendre, de l'espace qui nous est réservé, consacré ou interdit dans ce monde – cela

1. Michel Foucault, *Des espaces autres*, *op. cit.*, p. 761 pour ces citations.

reste vrai soixante ans plus tard – toujours « désordonné, mal agencé et brouillon ».

Cette place à laquelle j'aspire, ce lieu à la fois réel et intérieur, où je me sens à ma place, est celui où se recoupent partiellement, sans jamais coïncider, les cercles de mes appartenances revendiquées, de mes « propriétés » souples et ouvertes à la rencontre et à l'événement. On ne trouve pas sa place sans s'insérer dans un espace social, on ne se sent pas à sa place dans une place assignée, on change de place au fil de l'existence. Il a été finalement autant question de déplacement que de place.

Mais parce qu'on parle aussi parfois à notre place, il a aussi été question de parler en voix propre, de revendiquer sa place, d'affirmer son existence, d'« être dans la place », de l'occuper. On s'approprie une place par la voix. Le territoire, comme nous l'a appris Deleuze, est aussi et peut-être surtout sonore. Là où je peux parler, où j'impose ma voix, j'affirme mon droit à une place, je m'en fais une, je la conquiers.

Une place, pour quoi faire ?

« La pire place que nous puissions prendre, c'est en nous. »

Montaigne, *Essais*.

Il pourrait y avoir des règles bien claires : chacun aurait son lieu propre, son *topos* en fonction de l'élément dominant en lui. On serait terrien et on s'enracinerait dans le sol ; on serait céleste et s'élèverait vers les cieux, vers les montagnes à défaut[1]. On serait fait pour vivre sur l'eau, toujours en équilibre instable ; on serait des êtres de feu et alors, où vivrait-on ?

Le rêve d'une place, d'un lieu défini qui nous correspondrait et nous exprimerait tout à la fois trahit plusieurs inquiétudes : l'errance qui nous fragilise, l'indétermination de notre existence, l'indécision fondamentale de notre être. Si j'espère un lieu stable, comme le formule Georges Perec, c'est pour échapper aux aléas d'une histoire menaçante, au sentiment d'abandon qu'un espace

1. Pour une approche plus rigoureuse de la théorie des éléments, voir Aristote, *De la génération et de la corruption*, livre II, chap. 3.

contenant pourrait calmer, à la vulnérabilité de l'être qu'aucune maison ne protège. C'est pour contrer ce sentiment que « l'espace fond comme le sable s'écoule entre nos doigts[1] ». Nous avons besoin d'une place, réelle ou imaginaire, où nous blottir. « Chacun a besoin d'un nid. Chacun a dans sa maison un coin » disait Gaston Bachelard[2]. Et ce, peut-être, tout particulièrement dans un monde flottant ou vacillant, un monde qui semble s'effondrer sous nos pas. Mais c'est aussi parce que notre existence paraît « amorphe et indécise[3] » que nous attendons de certains espaces qu'ils nous cadrent, dessinent nos contours, nous solidifient. Se couler dans une fonction, dans une place sociale pour que celle-ci trace mes délimitations. Recevoir de l'extérieur ma définition. Cette place donnerait sa forme à un moi flou. Pourtant il semble qu'elle ne dise rien de moi, sinon que je suis pris dans un jeu arbitraire des places, où chacun, comme dans une pièce de Marivaux, pourrait se révéler tout autre que le personnage qu'on lui a attribué dans cette comédie sociale.

Lorsque nous sommes ainsi rivés à certaines places, par le hasard de la naissance, les contraintes de l'Histoire, par autant de mauvais coups de dé, elles deviennent une charge ou une prison. Dans les sociétés hiérarchisées,

1. Georges Perec, *Espèces d'espaces*, *op. cit.*, p. 180.
2. Gaston Bachelard, *La poétique de l'espace*, *op. cit.*, p. 19 : « Blottir appartient à la phénoménologie du verbe habiter. N'habite avec intensité que celui qui a su se blottir. »
3. Pour reprendre les mots de Jean Starobinski, dans *Montaigne en mouvement*, Gallimard, 1982, p. 50.

figées, « l'espace est découpé [...] chacun est arrimé à sa place [...] chacun est enfermé dans sa cage » dans une « assignation à chacun de son "vrai" nom, de sa "vraie" place, de son "vrai" corps[1] ». C'est pour échapper à cette topographie impitoyable de l'espace social où l'on peut stagner indéfiniment aux mêmes places, les moins valorisées, ou par horreur de ce jeu de dupes que certains sortent du cadre, se font la malle. C'est pour fuir une place déjà définie ou l'idée même d'une place, conçue comme un principe d'enfermement, qu'on s'évade.

Pourtant, on peut comprendre ce besoin de sortir des cases, qu'il s'agisse de prendre l'air ou de s'extraire de places trop étroites. On identifie sans mal les places que l'on aimerait quitter : celles qui dévaluent, stigmatisent, invisibilisent. Celles dont on hérite sans les désirer, celles dont personne ne veut, celles où l'on s'enlise, celles qui nous condamnent par avance. On sait la violence d'un monde « normal » où « chacun reste à sa place ». Un monde où toute embardée, toute tentative d'esquive nous rattrape comme dans une tragédie grecque. C'est la violence et l'opacité de la société d'aujourd'hui, à laquelle se heurtent certaines catégories sociales, comme la « fille qu'on appelle » dans le roman social de Tanguy Viel[2], comme ceux et celles qui espèrent échapper à leur condition, ceux

1. Michel Foucault, *Surveiller et punir*, Gallimard, Tel, 1994, p. 231. Si Foucault évoque ici le contexte épidémique de la peste, on peut se demander si précisément les temps de crise sanitaire ne dévoilent pas, plus que les autres, la réalité de certaines pesanteurs dans la répartition des places et des charges.

2. Tanguy Viel, *La fille qu'on appelle*, Minuit, 2021, p. 13.

qui survivent comme des boxeurs fatigués sur les rings ; en combattant vainement jusqu'à l'épuisement.

Partir, c'est espérer s'offrir une autre ligne d'horizon ou sauver sa peau. Mais partir ne garantit pas d'échapper à cette assignation. Comme le dit très justement la philosophe Barbara Cassin dans son essai sur la nostalgie, « on le sait depuis Ulysse, toute Odyssée est une mise en récit de l'assignation d'identité[1] ». Aussi loin que je parte, géographiquement ou symboliquement, ce voyage pourrait n'être qu'un long détour qui me ramène à moi-même et affirme, à ma grande surprise, mon enracinement. Parce que ces places que j'ai occupées se sont engrammées dans mon corps, dans ma mémoire, je me découvre parfois, malgré moi, attaché à des lieux ou des espaces. Telle est cette « émotion de la provenance » qu'évoque Jean-Christophe Bailly dans son essai, *Le Dépaysement*. C'est parfois à des milliers de kilomètres de chez moi que ce *chez-moi* s'impose comme profondément ancré. Bailly en fait lui-même l'expérience, lorsque, parti à New York et se retrouvant devant des images filmées de Sologne, il découvre « à l'intérieur d'un plan d'évasion [...] une émotion de la provenance », c'est-à-dire le sentiment à la fois d'une appartenance et d'une familiarité[2]. La « matière » du lieu, son atmosphère brumeuse, ses paysages fluviaux, ses visages et ses voix, l'auteur les connaît « fibre par fibre ». Pire, dit-il, « il en [vient] ».

1. Barbara Cassin, *La nostalgie. Quand est-on chez soi ?*, Autrement, 2013, p. 93.
2. Jean-Christophe Bailly, *Le Dépaysement*, Points, 2012, p. 8-9.

Nous sommes tissés de l'étoffe de ces premiers lieux, traversés par les voix et les sentiments de l'enfance qui résonnent en nous.

Cette matière première, ces traces intimes des lieux familiers, restent sensibles. Ces premières émotions, qui reviennent quand nous pensons les avoir laissées derrière nous, ces lieux qui émergent du passé, ont une puissance qui parfois nous dépasse. Lorsque cette matière affective prend la forme du désir, elle nous déborde et nous dépossède. Elle est alors à la fois ce qui nous ramène à des lieux anciens quittés depuis longtemps et ce qui nous déloge des nouvelles places que nous avions adoptées. Nous sommes dans les déchirements d'une vie qui continue ses lignes en les dédoublant. Nous sommes déplacés par le désir, comme nous le sommes d'ailleurs sans doute toujours intérieurement, dans l'aventure psychique. L'illusion d'une place stable ne survit pas à l'étude de nos nuits et de l'activité onirique qui, sans cesse, déplace, condense, se moquant des temporalités, des identités et des espaces. Le rêve est mouvement. Faut-il avoir peur de s'y égarer[1] ? Nous y sommes peut-être plus vivants qu'à l'état de veille[2]. Notre vie psychique est faite de ces déplacements intérieurs incessants, de ces tensions d'une polarité à l'autre. La topique de l'inconscient est une topologie

1. Se demande J.-B. Pontalis, commentant la première méditation cartésienne, dans *Œuvres littéraires, En marge des nuits*, *op. cit.*, p. 945.

2. Comme le suggère Montaigne, dans les *Essais*, *op. cit.*, II, 12, p. 551 : « Notre veillée est plus endormie que le dormir. »

dynamique, où le sujet est toujours à plusieurs endroits à la fois. On n'est sans doute jamais, en soi-même, à sa propre place[1].

« Nous sommes où nous ne sommes pas[2]. »

Peut-être parce que, plus fondamentalement, nous sommes toujours dans le débordement, le dépassement de l'endroit où nous sommes, dans un être ailleurs. « L'être-là, affirme Bachelard, est soutenu par un être de l'ailleurs[3]. » Et si ce à quoi nous essayons d'échapper, cette « hésitation d'être[4] », ces marées intérieures, nous constituaient finalement de manière essentielle ? Cet entre-deux est-il un déchirement ou un équilibre dynamique ? N'est-ce pas la forme joyeuse de notre liberté que de danser d'un pied sur l'autre, comme le revendiquait Descartes ?

« Me tenant comme je fais, un pied dans un pays, et l'autre en un autre, je trouve ma condition très heureuse, en ce qu'elle est libre[5]. »

---

1. Michel Gribinski, *Qu'est-ce qu'une place ?*, Éditions de l'Olivier, 2013, p. 18 : « Qu'est-ce qu'une place ? La question tire l'un de ses sens du clivage irréductible qui empêche toujours que l'on soit, en soi-même, à sa propre place. [...] Le clivage est structurel, et si l'on tente de le souder, on crée des tensions qui se manifesteront vivement quand et où elles pourront. On ne retrouvera pas d'unité antérieure au clivage, pas d'unité indivisible. »

2. Gaston Bachelard, *La poétique de l'espace*, *op. cit.*, p. 190, citant Pierre Jean Jouve.

3. *Ibid.*, p. 188.

4. *Ibid.*, p. 193.

5. *Cf.* Descartes, lettre à Christine de Suède, juillet 1648. Cité par Barbara Cassin, en exergue de *La nostalgie*, *op. cit.*

Il nous faut sans doute plusieurs espaces pour vivre et nous croire libres[1], il nous faut d'autres lieux, des lieux de passage ou de transition où nous nous défaisons d'un peu de nous-mêmes, où nous nous libérons de la fatigue ou de l'habitude d'être soi. Peut-être ne faut-il pas souhaiter avoir de place, se réjouir de n'appartenir à aucun lieu, de n'être ancré nulle part. Cette absence de lieu propre ne serait alors pas vécue comme un manque douloureux, mais comme une liberté. Ne serait-ce pas la pire condamnation que d'être définitivement assigné à une seule place ? Selon Montaigne, « la pire place que nous puissions prendre, c'est en nous[2] ». Ne sommes-nous pas joyeusement allégés de nous-mêmes par de nouvelles places qui nous métamorphosent ? Notre être est dans l'élan, le mouvement plutôt que dans l'établissement, la demeure, la propriété.

Cet ailleurs est aussi en nous. Le mouvement peut prendre la forme d'un vacillement ou d'une effraction intime, par lesquels s'ouvre un espace en moi capable d'accueillir autrui. On penserait alors une place intérieure plus large que l'espace que j'y occupe. Une place souple, qui pourrait se détendre, une place qui ne serait pas seulement à moi et où je pourrais comprendre, au sens littéral, les autres. Je ne peux pas toujours me mettre à la place d'autrui, il y a des places insubstituables, des vécus inimaginables. Nos places ne sont pas toujours

1. J.-B. Pontalis, *L'amour des commencements*, *op. cit.*, p. 158 : « Pour vivre et nous croire libres, il nous faut plusieurs espaces. »

2. Montaigne, *Essais*, *op. cit.*, II, 12, p. 551.

interchangeables. Je ne peux pas prendre ta douleur, porter cet enfant à ta place[1], endurer cette souffrance pour toi. Je ne peux pas te donner le reste de ma vie, mon énergie, te transférer ma joie de vivre, mon espérance. Nous sommes, dans ces cas-là, radicalement séparés les uns des autres, incapables de seconder ou de sauver ceux qui comptent le plus pour nous. Ils sont, tout à la fois, dans le bonheur et la tragédie, irremplaçables.

Mais je peux laisser en moi de la place pour quelqu'un d'autre, pour ses expériences, ses manières de penser, ses sentiments. C'est le sens profond que Bergson donne à ce qu'il nomme la « politesse du cœur », désignant cette discrétion, cet effacement qui laissent toute la place à notre interlocuteur[2]. Adopter ainsi son point de vue, se mettre à sa place, ce n'est pas seulement faire preuve de générosité, c'est démultiplier nos vies, c'est vivre mille vies à travers celles des autres qui ne nous sont plus extérieures et distantes mais proches, sensibles. Ce ne sont pas mes vies, mais je peux, l'espace d'un instant, me mettre à la place d'un autre et mieux le comprendre, l'accompagner, le soigner. Parce que j'ai pris sa place ou plus exactement parce que je l'ai intériorisée, parce qu'elle s'ajoute à toutes ces places que j'ai expérimentées en première personne, elle m'enrichit au lieu de m'envahir ou de m'encombrer. Ces vies des autres, des vivants et des morts, de personnes réelles et de personnages de fiction, ont leur place en

1. Du moins, si je suis né de sexe masculin.
2. Henri Bergson, *La politesse*, Rivages Poche, 2008.

nous, dans un processus d'identification qui donne à nos vies leur profondeur.

Jusqu'à quel point choisissons-nous notre place ? Jusqu'à quel point l'endroit où nous nous trouvons, par hasard, ou celui qui nous est assigné avec autorité, doivent-ils nous définir ? On peut se demander, avec Montaigne, s'il faut, comme le caméléon, se résigner à prendre la couleur du lieu où l'on est assis ou plutôt comme le poulpe, nous donner nous-mêmes la couleur qu'il nous plaît, selon les occasions[1] ? Au caméléon, changement de passion ; au poulpe, changement d'action, conclut le philosophe. « Prendre la couleur qui nous plaît », cela peut signifier ne pas se conformer passivement au lieu, mais créer le cadre par notre changement d'apparence plutôt que de s'y fondre. En acceptant la visibilité ou en créant l'opacité. Se donner à voir ou disparaître. Ne pas laisser le lieu décider de la modalité de notre présence, ne pas laisser le cadre nous contraindre. Ne pas subir et devenir ce que les événements nous font être mais décider des circonstances, d'aller vers certains espaces pour les voir produire sur moi l'effet désiré. N'est-ce pas à nous d'expérimenter les possibles d'un lieu, réel ou symbolique ?

Y a-t-il alors pour chacun une place juste ou une succession de places ? Sans doute faut-il, pour se sentir à sa place, de la chance et de la persévérance, du courage,

1. Comme le dit Montaigne dans les *Essais*, *op. cit.*, II, 12, 447.

peut-être une part d'inconscience. Il y a des coups qu'on rate sur l'échiquier des places, des bourrasques qui font voler les pièces du jeu, des colères qui les balayent. Mais il n'y a pas de jeu sans déplacement, en avant, en diagonale, ni sans retour en arrière, comme il n'y a pas de *je* sans détours ni bifurcations. Notre place est celle qui porte en elle toutes les secousses et les sursauts de ces mouvements intérieurs, de ces élans et de ces fixations, éphémères.

Il faut parfois suivre les vents, dériver avec les courants, s'écarter pour revenir par une autre voie. Le plus court chemin n'est pas forcément celui qui nous mène là où nous voulions aller. Il n'est d'ailleurs pas certain que nous sachions vraiment où aller. On ne se pose pas toujours avec aisance sur un fil fragile. Il nous arrive d'être maladroit. On n'atteint pas nécessairement sa cible. Ou bien, on s'y écrase trop vite. C'est une autre manière de la manquer, de se manquer. On peut tourner longtemps autour d'un endroit avant de le faire sien. On rôde, on estime, on s'approche. Certains oiseaux dessinent de grands cercles autour de l'arbre sur lequel ils finissent par se percher. De la même manière on peut avoir besoin de faire le tour d'un endroit pour voir où est la faille, celle par laquelle se faufiler. On n'entre pas toujours par l'entrée principale. On n'est pas toujours le bienvenu. Faire le tour du propriétaire, se mettre dans sa peau, s'approprier les lieux tout en renonçant à l'idée de les posséder. Ne pas vouloir que ce lieu soit à moi mais souhaiter qu'il me permette d'être moi, en libérant des potentialités d'être.

La place qui dirait quelque chose de mon identité serait alors celle qui garderait les traces de son élaboration, des déplacements géographiques, sociaux et affectifs, visibles ou secrets, qui m'ont conduit jusqu'ici.

Dans la marge

« Mais, dans la vie, où se tient le texte qui s'inscrit au fil des jours, où est la marge ? »

J.-B. Pontalis,
L'amour des commencements.

Idéalement, il aurait fallu écrire ce livre à la main et le publier ainsi. Pour que les mots eux aussi trouvent leur juste place sur l'espace de la page, pour qu'ils y dessinent ce qui aurait complété, dépassé ce que l'écrit peut retranscrire. Idéalement, la forme même du texte aurait manifesté plus que ce que le texte signifie. Il aurait fallu imaginer une sorte de texte calligramme se déployant au fil de l'analyse ou un leporello, livre-frise qui déplie lentement le paysage de la réflexion.

Parce qu'une pensée commence par s'agencer dans l'espace et se traduit sur la page avec un certain rythme. Avec peu de moyens : des virgules comme des respirations, des espacements, des retours à la ligne, des sauts de ligne. Chorégraphie mineure pour une pensée qui fait des bonds et s'accommode mal de la linéarité, de l'égrènement des chapitres déclinés comme autant de petits moments supposés logiques et nécessaires. On aura fini par en faire un livre avec un ordre apparent, une succession de pages, qu'on publiera, bêtement, dans l'ordre. Mais sa forme première, celle qui restera cachée au lecteur, est un désordre de petits cahiers disparates, de schémas colorés, de feuilles raturées, de petites notes sur des supports divers, de post-it aux tons criards, de brouillons, le tout colonisant différents bureaux de bibliothèques, de maisons familiales, de chambres d'hôtel. Il faudrait un livre fait de mille feuilles superposées, comme autant de strates, un livre en volume à proprement parler, pour retranscrire cette architecture en pagaille de l'écriture. Le désordre de ces bureaux, par des cohabitations accidentelles entre les différentes notes, a fait apparaître des liens, des échos, là où la rationalité les aurait disjoints. Peut-être faut-il nous réconcilier avec le désordre de nos vies. Il permet de gais appariements et des collisions fécondes.

L'ouvrage de Georges Perec, *Espèces d'espaces*, contient un prière d'insérer. Celui-ci, publié sur une feuille volante, est placé par l'éditeur en début d'ouvrage. Mais le lecteur est bien libre de s'en servir de marque-page, déjouant son usage, et de le placer à des endroits différents au fil de la lecture, tout comme il peut le considérer comme mineur, se fiant à son titre et s'en débarrasser sans prendre le temps de vraiment le lire. Où choisit-on d'insérer le *Prière d'insérer* de Perec dans ce livre interrogeant l'espace du livre ? La page où le hasard aura fait atterrir ce prière d'insérer pourrait bien être celle qui m'interpelle le plus. Insérer, c'est introduire, intercaler, mêler, mais c'est aussi semer, greffer, implanter, inculquer. C'est, plus profondément, faire participer à un mouvement créateur.

Parfois, nous ne faisons que nous insérer. Discrètement, prudemment, dans une foule, une série, un cadre. Mais il arrive que nous finissions par y imprimer notre marque, ou mieux, que nous impulsions un élan, entraînant les autres et leur communiquant de l'énergie pour leur propre déplacement. C'est l'ambition de l'enseignant et sans doute de l'écrivain de transmettre à d'autres cette envie d'aller voir ailleurs qui ils sont.

Ainsi, lisant un livre, je le poursuis. Je l'annote, le souligne, je lui donne un relief particulier et me l'approprie, j'y laisse les traces de ma lecture et les échos personnels que j'y entends. J'écris dans les marges. Notre existence elle aussi se trame sans doute dans ce dialogue entre le texte central et nos remarques marginales. On ne coïncide jamais tout à fait avec le récit de notre vie, on se construit aussi en brodant à côté, dans les espaces de la page laissés vierges. Charme des chemins de traverse. Il faut relire ce qui se dit sur les bords, dans le chuchotement, dans ces espaces vierges, propices aux réactions et aux commentaires, dans ces plages où l'on se ressaisit de ce que l'on vient de comprendre, où l'on souligne son admiration, son accord, sa surprise, son incompréhension. Combien de dialogues dans les marges des livres, combien de reprises dans les marges de nos vies ? Qu'est-ce qui rétrospectivement se révèlera central alors qu'on l'avait considéré, par naïveté ou modestie, comme marginal ?

Bibliographie

ANDERS, Günther, *Journaux de l'exil et du retour*, Fage éditions, 2012.

BACHELARD, Gaston, *La Poétique de l'espace*, PUF, Quadrige, 1982.

BAILLY, Jean-Christophe, *Le dépaysement. Voyages en France*, Seuil, Points, 2012.

BALDWIN, James, *La prochaine fois le feu*, Gallimard, Folio, 2018.

BARTHES, Roland, *Fragments d'un discours amoureux*, *Œuvres complètes, V*, Seuil, 2002.

BATAILLE, Georges, *L'érotisme*, Minuit, 1957.

BOURDIEU, Pierre, *Méditations pascaliennes*, Points Seuil, 2003.

–, *Esquisse pour une auto-analyse*, Raisons d'agir, 2004.

BEAUVOIR (de), Simone, *Le deuxième sexe*, Gallimard, Folio Essais, 2000.

BOBER, Robert, *Par instants, la vie n'est pas sûre*, P.O.L, 2020.

BOUTANG, Pierre-André, *L'abécédaire de Gilles Deleuze*, Montparnasse, 2004.

BUTOR, Michel, *Chacun son cadeau*, Hachette, 1977.

BUZZATI, Dino, *Un amour*, Robert Laffont, 2010.

CASSIN, Barbara, *La nostalgie. Quand donc est-on chez soi ?*, Autrement, 2013.

CHABERT, Anne-Lyse, *Transformer le handicap. Au fil des expériences de vie*, Érès, 2017.

–, « Accessibilité dans les lieux publics, enjeu de dignité pour tous », *Développement Humain, Handicap et Changement Social / Human Development, Disability, and Social Change*, vol. 26, 2020, p. 63-69.

CHAUVIER, Éric, *Laura*, Allia, 2020.

–, *Anthropologie*, Allia, 2006.

–, « Anthropologie de l'ordinaire, une conversion du regard », *Anacharsis*, Éditions du Félin, 2010.

CHICHE, Sarah, *Les enténébrés*, Seuil, 2019.

–, *Saturne*, Seuil, 2020.

CHOLLET, Mona, *Chez soi. Une odyssée de l'espace domestique*, La Découverte Poche, 2016

CHRÉTIEN, Jean-Louis, *La joie spacieuse, essai sur la dilatation*, Minuit, 2007.

DELECROIX, Vincent, *Apprendre à perdre*, Payot et Rivages, 2019.

DELEUZE, Gilles et GUATTARI, Félix, *Mille plateaux*, Minuit, 2013.

DERRIDA, Jacques et DUFOURMANTELLE, Anne, *De l'hospitalité*, Calmann-Lévy, 1997.

DESCARTES, René, Lettre à Chanut (6 juin 1647), *Œuvres complètes*, Gallimard, coll. « Bibliothèque de la Pléiade », 1953.

DHÉE, Amandine, *À mains nues*, La Contre Allée, 2020.

DU BOIS, W. E. B., *Les âmes du peuple noir*, Rue d'Ulm, 2004.

DUFOURMANTELLE, Anne, *En cas d'amour. Psychopathologie de la vie amoureuse*, Payot et Rivages, Petite bibliothèque, 2012.

–, *La sauvagerie maternelle,* Rivages Poche, Petite bibliothèque, 2016.

DUFOURMANTELLE, Anne et LETER, Laure, *Se trouver, Dialogue sur les nouvelles souffrances contemporaines*, JC Lattès, 2014.

DURAS, Marguerite, *L'Amant,* Minuit, 1984

–, *La Vie matérielle*, Gallimard, Folio, 2021.

DUROY, Lionel, *Le Chagrin,* J'ai lu, 2011.

–, *L'homme qui tremble*, Mialet-Barrault, 2021.

ERNAUX, Annie, *La place*, Gallimard, Folio, 1983.

–, *L'écriture comme un couteau*, Gallimard, Folio, 2011.

–, *Le vrai lieu, entretiens avec Michelle Porte,* Gallimard, 2014.

–, *L'autre fille,* Nil, 2011.

FANON, Frantz, *Peau noire, masques blancs, Œuvres,* La Découverte, 2011.

FERRIER, Michaël, *Mémoires d'outre-mer*, Gallimard, L'Infini, 2015.

FLEM, Lydia, *Comment je me suis séparée de ma fille et de mon quasi-fils*, Seuil, 2009.

FOUCAULT, Michel, *Surveiller et punir,* Gallimard, Tel, 1994.

–, « Des espaces autres », *Dits et écrits*, t. IV, Gallimard, 1984, texte n° 360.

–, *Le corps utopique, Les Hétérotopies,* Gallimard, Nouvelles lignes, 2019.

FREUD, Sigmund, *L'Inquiétante étrangeté et autres textes. Das Unheimliche und andere Texte*, Gallimard, Folio bilingue, 2001.

GILLIGAN, Carol, *Une voix différente. Un regard prospectif à partir du passé*. Repris de NUROK Vanessa (ed.), *Carol*

Gilligan et l'éthique du care, Paris, Presses universitaires de France, 2010.

GILLIGAN, Carol et SNIDER, Naomi, *Pourquoi le patriarcat ?*, Flammarion, coll. « Climats », 2019.

GRIBINSKI, Michel, *Qu'est-ce qu'une place ?*, L'Olivier, penser/rêver, 2013.

HEIDEGGER, Martin, « Seul l'homme a un monde », *Les concepts fondamentaux de la métaphysique (*1929), Gallimard, 1983.

HOGGART, Richard, *33 Newport Street, Autobiographie d'un intellectuel issu des classes populaires anglaises*, Seuil, Points Essais, 2013.

HORVILLEUR, Delphine, *Vivre avec nos morts*, Grasset, 2021.

JAQUET, Chantal, *Les transclasses ou la non-reproduction*, PUF, 2014.

KAFKA, Franz, *Journal*, 1917-1919, Livre de Poche, 2002.

KINER, Salomé, *Grande couronne*, Christian Bourgois, 2021.

LACAN, Jacques, « Place, origine et fin de mon enseignement », *Mon enseignement*, Seuil, 2005.

LAFON, Marie-Hélène, *L'Annonce*, Buchet-Chastel, 2009.

LAMBERT, Emmanuelle, *Le fils de mon père*, Stock, 2021.

LE BRETON, David, *Disparaître de soi, une tentation contemporaine*, Métailié, 2015.

LINDENBERG, Hugo, *Un jour ce sera vide*, Christian Bourgois, 2021.

LUSSAULT, Michel, *De la lutte des classes à la lutte des places*, Grasset, coll. « Mondes vécus », 2009.

MAALOUF, Amin, *Les Désorientés*, Grasset, 2012.

MAUVIGNIER L., *Continuer*, Minuit, 2016.
–, *Histoires de la nuit*, Minuit, 2020.
MBEMBE, Achille ; *Brutalisme*, La Découverte, 2020.
MICHAUX, Henri, *L'infini turbulent*, Gallimard, Poésie/Gallimard, 1994.
–, *Déplacements, dégagements*, Gallimard, L'Imaginaire, 2013.
–, *La Nuit remue*, Gallimard, Poésie/Gallimard, 2001.
–, *Poteaux d'angle*, Gallimard, Poésie/Gallimard, 1981.
–, *L'espace du dedans*, Gallimard, Poésie/Gallimard, 1998.
–, *La vie dans les plis*, Gallimard, Poésie/Gallimard, 2001.
–, *Bras cassé*, Fata morgana, 2021.
MONNARD, Muriel, « Occuper et prendre place : une lecture des rapports de pouvoir dans la cour de récréation », *Espaces et sociétés*, n°, 2016, p. 127-145.
MONTAIGNE (de), Michel, *Essais*, Gallimard, Bibliothèque de la Pléiade, 2007.
MRÉJEN, Valérie, *Troisième personne*, P.O.L, 2017.
NANCY, Jean-Luc, *L'intrus*, Galilée, 2000.
NOUDELMANN, François, *Hors de moi, Variations III*, Léo Scheer, 2006.
PAULY, Anne, *Avant que j'oublie*, Verdier, 2019.
PECK, Raoul, et BALDWIN, James, *I am not your negro*, 10/18, 2018.
PEREC, Georges, *Penser/classer*, Seuil, Points, 2003.
–, *Un homme qui dort*, Gallimard, Folio, 1990.
–, *Espèces d'espaces*, Galilée, 2000.
–, *La disparition*, Gallimard, coll. « L'imaginaire », 2017.

–, *Tentative d'épuisement d'un lieu parisien*, Christian Bourgois, 1982.

–, *L'infra-ordinaire*, Seuil, 1989.

PONTALIS, J.-B., *Œuvres littéraires*, Gallimard, Quarto, 2015.

PORÉE, Jérôme, *L'espérance mélancolique, un dialogue entre philosophie et psychiatrie sur le temps humain*, Hermann, Tuché, 2020.

POULAIN, Catherine, *Le grand marin*, Seuil, Points, 2017.

POURCHET, Maria, *Feu*, Fayard, 2021.

PRUDHOMME, Sylvain, *Par les routes*, Gallimard, L'arbalète/Gallimard, 2019.

QUENTIN, Bertrand, *Les invalidés, nouvelles réflexions philosophiques sur le handicap*, Érès, 2019.

RIQUIER, Camille, *Nous ne savons plus croire*, Desclée de Brouwer, 2020.

SCHÜTZ, Alfred, *L'étranger et L'homme qui rentre au pays*, Allia, 2003.

STAROBINSKI, Jean, *Montaigne en mouvement*, Gallimard, Tel, 1982.

TOLEDO (de), Camille, *Thésée, sa vie nouvelle*, Verdier, 2020.

VALÉRY, Paul, *Mauvaises pensées*, Rivages, Petite bibliothèque, 2016.

VAN REETH, Adèle, *La vie ordinaire*, Gallimard, 2020.

VIEL, Tanguy, *La fille qu'on appelle*, Minuit, 2021.

WEIL, Simone, *L'enracinement*, Gallimard, Quarto, 1999.

WINNICOTT, Donald W., *Le bébé et sa mère*, Payot, Petite bibliothèque, 2017.

–, *La mère suffisamment bonne,* Payot, Petite bibliothèque, 2006.
WOOLF, Virginia, *Une chambre à soi,* 10/18, 2017.
–, *Journal d'un écrivain,* 10/18, 1999.
ZWEIG, Stefan, *Vingt-quatre heures dans la vie d'une femme,* Le Livre de Poche, 1993.

Table

Composition et mise en pages
Nord Compo à Villeneuve-d'Ascq

CET OUVRAGE
A ÉTÉ ACHEVÉ D'IMPRIMER
SUR ROTO-PAGE
PAR L'IMPRIMERIE FLOCH À MAYENNE
EN FÉVRIER 2022

N° d'impression : 99848
Imprimé en France